GUIDES TOTUS

GUIDE DES FIANÇAILLES

DU MÊME AUTEUR

Union et Procréation. Développements de la doctrine des fins du mariage. Préface du Cardinal G. DANNEELS, Paris, Cerf, 1989, 286 p.

La foi est une aventure, Namur, Fidélité, 1996, 32 p.

Les « dons » du mariage, Recherche de théologie morale et sacramentelle, Bruxelles, Culture et Vérité, 1996, 677 p.

Les origines de la vie. Quelques repères bioéthiques, coll. « Cahiers de l'École Cathédrale », Paris, Mame/Cerp, 1997, 104 p.

Conduits par l'Esprit Saint. L'accompagnement spirituel. Préface de Mgr P. d'Ornellas, Cahiers de l'École Cathédrale, Parole et Silence, 2002.

Alain MATTHEEUWS

Le guide des fiançailles

En route vers le sacrement de mariage

Sarment
ÉDITIONS DU JUBILÉ

Imprimi potest
Bruxelles, le 5 janvier 2003
X. Dijon, s.j., Provincial

Dialogue et conseils avant l'engagement du mariage

Vous désirez vous marier et célébrer le sacrement de mariage ? Alors ces quelques lignes sont pour vous. Elles sont sans prétention. Elles ont surgi des questions posées par d'autres couples qui se sont déjà engagés dans la même aventure que vous. Les réponses et les divers conseils seront peut-être une aide pour mieux entrer dans la compréhension des enjeux de votre démarche. Elles vous permettront de mieux vous préparer au mariage et d'approfondir la relation avec les différents acteurs de cet événement. L'abondance des avis et des considérations pratiques ne doit pas vous décourager : prenez l'ensemble comme un aide-mémoire (ou un vade mecum) et lisez seulement ce qui vous paraît utile et nécessaire dans votre cheminement. Dans la forme, ce texte s'adresse tantôt au couple, tantôt au ministre ordonné (prêtre ou diacre) qui accompagne votre démarche et dont vous comprendrez peut-être mieux ainsi la mission.

1

Quelques principes de base

Du temps gagné... pour une préparation spécifique !

Le temps consacré à la préparation de la journée du mariage et à sa célébration n'est jamais un temps perdu. À l'heure des grands investissements d'entreprise, dites-vous que toutes vos énergies consacrées à cet engagement posent les fondations d'un projet original. Cet engagement n'est pas rien : il vous lie pour toute une vie. Il convient de prendre le temps car « le temps défait ce que l'on fait sans lui ». Le mariage n'est pas une loterie, il est un choix de liberté. Il engage vos vies, vos personnes, vos familles et Dieu lui-même. Il s'agit donc non pas d'une cérémonie extérieure, mais d'un des actes les plus fondamentaux de votre vie. Osez en approfondir la signification pour y découvrir ce que Dieu vous propose en son Église.

Les caractéristiques du cheminement et de la préparation liturgique du mariage avec les fiancés peuvent être variées. Les désirs de chaque couple et la pédagogie à adopter doivent être adaptés à la particularité de chaque préparation, mais il conviendrait d'être attentifs ensemble aux cinq axes suivants :

1. Une intégration de la vie et de l'amour dans le sacrement

Se préparer au sacrement, ce n'est pas faire abstraction de la vie pour y plaquer une définition spirituelle. Visons à unifier cet amour humain avec toutes ses caractéristiques, ses attentes, ses peurs, ses joies, ses déceptions. Comment l'unifier sinon en cherchant la source unique de l'amour : Dieu. Une vraie préparation cherche à intégrer l'histoire personnelle des futurs conjoints avec l'attention particulière que Dieu a eue et a encore pour chacun d'eux. Un sacrement est un signe du Christ ressuscité en son Église. Comment ce signe va-t-il retentir dans le cœur des fiancés ? C'est un même amour. Le sacrement est un don particulier : une grâce, une présence privilégiée de Dieu dans l'histoire.

La grâce rejoint intimement le cœur des fiancés, leur nature profonde : cœur, corps, esprit. Ces réalités s'incarnent en la personne des époux et ont à devenir un signe dans l'Église. Cela suppose une catéchèse approfondie (comme un « catéchuménat ») comportant un enseignement (l'assimilation ou la redécouverte des données fondamentales de la foi au Christ, ainsi que de la vie sacramentelle), un dialogue vrai dans le couple et avec le prêtre, un désir d'entrer dans une expérience spirituelle, une rencontre avec l'Église, le sérieux de son administration (démarches et enquêtes administratives), son souci et l'espérance qu'elle porte aux couples et aux familles.

2. Une participation active à la liturgie

Spécialement pour les époux, cette participation active

sera comme les premiers pas, comme une parabole de l'engagement qu'ils prennent vis-à-vis de Dieu, de l'Église et des autres. Comment susciter et éveiller cette participation commune ? Comment y trouver une joie partagée et mutuelle ? Comment comprendre le sens des gestes posés ? Tel est l'enjeu. Cette collaboration s'exprime dans le choix des textes, dans des interventions publiques, dans le choix des lecteurs, dans la prise en charge de l'organisation de la célébration (carnets, chorale, démarches concernant l'église, l'intervention d'autres membres de la famille etc.), dans la composition de la prière des époux...

3. Une prière vraie et personnelle

Le sacrement est une manière de prier en Église. Il s'agit donc de dépasser l'attrait du décorum, la superficialité des attitudes mondaines des époux ou de l'assemblée. Il faut respecter et susciter la vérité de cette prière avec les mots de l'Église comme ceux des personnes concernées. La réalité sacramentelle est difficile à percevoir sans le regard de la foi. Par la prière, le caractère vital du sacrement sera intégré dans la conscience des époux : l'amour humain est appelé à être ainsi reconnu et vécu comme l'amour même de Dieu.

4. Un discernement

Les fiancés, comme le prêtre, sont appelés à réaliser un discernement concernant la demande du sacrement de mariage. Il est exceptionnel de voir cette demande refusée. Il n'est pas rare de pouvoir la différer (on ne fixe pas la date de son mariage trois mois après le premier contact avec la paroisse). Il est essentiel de veiller ensemble aux conditions de licéité [1] et de validité [2] du sacrement. Les entretiens pastoraux et la préparation de la célébration ne peuvent pas faire l'impasse d'une réflexion sur le projet d'union des fiancés. L'engagement conjugal, spécialement en ce qui concerne l'unité, l'indissolubilité du mariage et son ouverture à la procréation, requiert une lucidité et une liberté suffisantes. C'est toute l'importance de la déclaration d'intention (ou de la note

1. Ce terme de « droit » exprime les conditions dans lesquelles il est permis de contracter un mariage ou pas.

2. Cet autre terme juridique souligne qu'il y a des actes qui sont en vérité un mariage et d'autres pas. Dans certaines conditions (par exemple si l'un des fiancés est déjà marié par ailleurs), le sacrement ne peut pas être célébré validement.

pastorale). Le dossier à remplir possède une importance juridique, mais aussi significative pour la compréhension de cette démarche à l'intérieur de la foi de l'Église.

Peut-être devons-nous insister sur le caractère crucial de ce discernement qui doit aboutir sur une décision ferme des époux « pour le mariage ». Ceux qui préparent avec eux, particulièrement les ministres ordonnés, ont mission d'éclairer ce discernement, et de veiller à ce que les futurs conjoints soient pleinement conscients des engagements qu'ils prennent. En général, on parle de la compréhension exacte des quatre piliers de la promesse matrimoniale. Le consentement est un acte de liberté. La liberté humaine est toujours insérée dans l'histoire, parfois conditionnée. Il faut que les futurs conjoints soient clairement libres de se dire « oui » l'un à l'autre, sans pressions extérieures ni intérieures. Les trois autres piliers sont à entendre avec précision : l'engagement est monogame (une femme, un homme : l'unité), indissoluble (jusqu'à la mort de l'autre conjoint), ouvert à la procréation et à l'éducation des enfants. L'explicitation de ces quatre piliers doit être faite dans le dialogue. La prise de conscience de l'exigence de l'engagement doit pouvoir s'expliciter dans des paroles adéquates. La déclaration d'intention, reprise du directoire canonique et pastoral des sacrements ou composée personnellement, doit témoigner de la conscience de ces piliers.

2

La préparation

Se préparer au mariage est une période merveilleuse et intense. Il convient de goûter ce temps et de ne pas le raccourcir. Il ne faut pas sous-estimer non plus l'importance de cette préparation tant matérielle que spirituelle, ni l'énergie et l'engagement que cela suppose. Le prêtre peut aider les futurs époux, et il le fera. Il ne sera pas le seul d'ailleurs, car un mariage concerne toute la communauté chrétienne : d'autres couples ou catéchistes ont une responsabilité dans cette préparation. Beaucoup de démarches doivent cependant être réalisées par les fiancés. Et c'est tant mieux, puisque c'est leur mariage et puisqu'ils sont les « ministres », les responsables et les acteurs privilégiés du sacrement. Quels sont les axes de cette préparation et à quoi faut-il consacrer du temps ?

1. Prendre le temps de réfléchir au sens de sa vie

Le mariage est une étape et une occasion de faire le point sur la foi de chacun et sur l'expression de cette foi dans le quotidien. La première question qui surgit est : « pourquoi se marier religieusement ? Chacun doit pouvoir y réfléchir personnellement et exprimer dans ses mots l'une ou l'autre raison. Il arrive qu'on ait négligé pendant les années d'études ou dans la vie professionnelle de se poser les questions de fond sur le sens de la vie et l'importance de la foi dans le Christ. L'engagement dans l'Église (service, prière et sacrements) est une question incontournable puisque le mariage construit comme une nouvelle Église-famille.

Que pouvez-vous construire ? De quels fondements et de quels matériaux disposez-vous ? Il convient de lire plusieurs documents sur l'amour, de se laisser enseigner à nouveau sur la foi et de découvrir ce beau sacrement. Le mariage est le carrefour de nombreuses valeurs et de nouvelles exigences morales : respect de l'autre, présence de Dieu dans l'amour, fécondité et mission du couple, connaissance de l'Évangile, place de la sexualité dans la vie chrétienne, engagement dans l'Église et au service des pauvres. La lecture et la réflexion permettent d'envisager des dialogues d'approfondissements ultérieurs avec les différents acteurs engagés dans la préparation.

2. Prendre le temps de dialoguer

Il convient de parler souvent et beaucoup entre fiancés de vos aspirations concernant la vie conjugale, familiale et la célébration du sacrement en tant que tel. Les sensibilités et les aventures spirituelles sont souvent différentes. Apprenez à partager entre vous, même par écrit, votre foi et ses expressions. Un bon système consiste parfois à noter chez soi quels sont les points qui vous interpellent chez l'autre et d'en discuter avec lui à tête reposée. S'écrire une lettre est toujours utile et peut servir de base de discussion. Tout le monde n'a pas les mêmes capacités à dialoguer et un petit support est une aide précieuse pour aborder enfin ce qui vous tient à cœur mais qui est parfois difficile à exprimer.

Selon le rythme de chacun, il faut prévoir aussi des lieux et des temps où vous n'êtes qu'à deux pour converser à l'aise. Dans la vie moderne, cela suppose de bloquer des soirées et des week-end de gratuité pour vous deux dans le calendrier avant la date de mariage. Ce qui n'est pas prévu ne sera pas fait ou sera pris sur d'autres activités qui sont toujours intenses. Pour ce temps à deux, il convient de calculer large et d'être intraitable. Au fur et à mesure que le mariage s'approche, le nombre de « choses » à faire augmente !

3. Prendre le temps de préparer la célébration liturgique

Le déroulement de la célébration, le choix des textes de l'Écriture, la chorale ou les chants, la place des témoins, le souci de l'accueil de tous, la découverte de l'église ou de la chapelle, la rencontre avec le curé et la mise en place des dossiers administratifs, le sens des rites et des paroles que vous allez dire : il y a une somme de décisions à prendre ensemble. Il convient de les mûrir et de les prendre à bon escient. Préparez aussi avec soin vos rencontres avec le prêtre pour lui partager vos interrogations, vos inquiétudes, vos découvertes joyeuses [1].

4. Prendre le temps d'ouvrir son cœur à la grâce

Le dialogue avec le prêtre ou un autre couple chargé des rencontres avec les fiancés, est un temps privilégié pour mieux comprendre ce que vous allez célébrer. Le temps de l'amour est toujours favorable pour mieux saisir des points de la foi qui vous paraissent encore obscurs. Dans le feu de l'amour, tout s'illumine. Profitez-en. Ouvrir son cœur, c'est chercher et faire la vérité de votre amitié avec Dieu. Dans cette démarche, chacun est appelé à prier ou à réapprendre à prier personnellement. Demandez au prêtre de vous apprendre à prier ensemble, et faites-le régulièrement et simplement. Un

1. Le célébrant du mariage ou le prêtre qui chemine avec vous n'est pas nécessairement le curé de la paroisse. Ce dernier donne généralement sa délégation au célébrant même lorsqu'il vient d'une autre paroisse ou pays.

couple ami ou d'expérience peut vous témoigner de sa manière de faire.

Allez à l'Eucharistie ensemble. Ouvrir son cœur, c'est aussi continuer ou reprendre un rythme dans la pratique chrétienne des sacrements. S'il y a des années que vous ne vous êtes plus confessés, c'est le moment de vivre cette expérience d'amour. Enterrer sa vie de célibataire, ce n'est pas seulement une festivité folklorique ou amicale, mais c'est tourner la page de certaines erreurs, bêtises ou péchés. C'est regarder vers l'avenir en prenant racine à nouveau dans l'amour de Dieu. Se marier à l'église, vouloir la présence de Dieu en cet instant si important, c'est le redécouvrir sous un angle nouveau et vivre une nouvelle amitié avec lui. Le prêtre peut vous aider chacun personnellement et comme couple également.

3

Respect des différents acteurs

Bien entendu, la relation amoureuse concerne en premier lieu les futurs époux. Mais le cheminement vers la décision définitive du mariage et sa célébration suppose qu'ils entrent dans un « jardin » de relations qui ont une importance décisive pour la construction de leur vie. L'intersubjectif « je » - « tu » doit s'élargir sous peine de bâtir sur du sable. Se marier engage les futurs conjoints mais d'autres acteurs sont toujours concernés.

1. Les points de vue de la famille

Les parents ne sont jamais des parents parfaits. La période avant le mariage permet de le vérifier, et pour les fiancés d'entrer dans le réalisme de l'amour. L'amour ouvre le regard à la miséricorde et à la bienveillance. Cette période peut être riche en oppositions ou en découvertes mutuelles. De fait, il est à souhaiter qu'elle soit un temps de transmission des valeurs et de dialogues : les conseils et les mises au point, l'élaboration d'une fête pour tous nécessitent de nombreuses rencontres. Cet événement touche non seulement les fiancés mais tous les membres de la famille : leurs parents, les frères et sœurs, la famille au sens large. Les fiancés se doivent de situer leur amour à ce niveau familial. Ce sera une occasion de le fortifier et de lui donner une dimension publique et sociale.

Tout ce qui facilite la connaissance mutuelle des deux familles et l'élaboration commune de cet événement doit être privilégié. Il est bon de préparer le mariage avec les familles et de ne pas les mettre devant le fait accompli pour la plupart des décisions. Les premières rencontres sont des occasions privilégiées pour parler ensemble et exprimer les grands choix : date et style de la fête, les invités, le partage du coût financier. Ce qui est construit à ce moment relève de l'investissement à long terme, particulièrement pour le jeune couple. Les tensions entre les fiancés et les désirs et coutumes respectifs des familles sont normales et font mûrir l'amour. Les parents comme les fiancés éprouveront parfois ce temps comme un « arrachement ».

Les paroles du poète K. Gibran accusent avec brutalité cette réalité d'un départ : « Vos enfants ne sont pas vos enfants ». Pour les fiancés, ils verront qu'ils « ont à quitter père et mère pour s'unir et ne faire plus qu'un » (Gn 2,24). C'est l'ouverture d'un chemin où la force et la confiance des fiancés doivent être recherchées dans leur lien et non plus d'abord ou inconsciemment dans leur condition de filiation. Ils expérimentent que leur couple est une entité neuve dans la mesure où l'originalité de leur avis et leurs décisions communes sont fortes, respectées par leurs familles respectives. Cette unité est tellement originale qu'elle est « à l'image » de la Trinité : l'unité de trois personnes en un seul Dieu.

2. Les relations avec la paroisse

Votre désir de vous marier s'explicite par une première démarche vis-à-vis d'une paroisse, ne fût-ce que pour retrouver un certificat de baptême ou de confirmation, pour décider du jour de votre mariage et réaliser « l'enquête administrative ». Ce premier contact pour certains peut sembler formel, mais il rappelle le sérieux de votre démarche en même temps que son importance pour l'Église. D'autre part, cette célébration suppose une préparation : il convient de vous y prendre bien à temps et de ne pas mettre l'Église devant un fait accompli ou une date trop proche. Prenez comme délai de vous adresser un an à l'avance au curé de la paroisse. C'est d'ailleurs la norme dans plusieurs diocèses. En vous accueillant, le curé ou le responsable exprimeront le désir de mieux vous connaître et de participer à cette préparation du sacrement. Il dépend du prêtre et des fiancés que cette rencontre soit conviviale, vraie, profonde, joyeuse, confiante.

Si le lien avec cette paroisse est spontané et naturel parce qu'il s'agit de la paroisse de l'un des fiancés, les préparatifs n'en seront que facilités et la joie de la communauté sera grande. Le mariage concerne également la communauté chrétienne. Par le mariage, le couple transfigure les liens du sang et leur donne une signification spirituelle et ecclésiale. Votre mariage dans une paroisse connue fera la joie des amis, des frères et sœurs de cette communauté, de ceux qui vous connaissent dans un mouvement de jeunes, une chorale, un service. L'enjeu de ce mariage est le témoignage, pour les petits et les grands, de la force de l'amour dans le Christ et dans son Église.

Si le lieu de la célébration vous est inconnu et si vous n'avez pas l'habitude de le fréquenter, ayez à cœur de tisser quelques liens et de respecter ce qui s'y vit. Rien de plus triste qu'une attitude de consommation ou d'étranger de passage pour ceux et celles qui vous accueillent dans une église qui vous plaît par sa beauté. Grâce au prêtre et à ses collaborateurs, découvrez les joies et les peines, les us et coutumes de cette église et de cette communauté qui seront témoins d'un des événements les plus importants de votre vie.

3. Les entretiens avec le prêtre ou le diacre

Si vous connaissez le célébrant de votre mariage et que vous l'avez choisi, vous pourrez entrer directement dans un rapport d'amitié et de confiance. Le plus souvent, l'un des fiancés le connaît mieux. Il convient alors de prendre un temps d'apprivoisement pour que chaque fiancé se retrouve comme à égalité dans la relation. Si vous ne connaissez pas bien le curé ou le prêtre qui vous accueille, prenez le temps de vous présenter en profondeur. Plus les relations sont vraies, plus vous goûterez cette préparation.

Le prêtre et ceux qui vous aident dans cette préparation se veulent à votre service. Chaque couple est différent, et son histoire est riche et singulière. C'est la joie des prêtres de découvrir cette variété. Cela leur demande aussi beaucoup d'attention et de souplesse : l'aventure spirituelle et la soif de chacun varient beaucoup. Le prêtre représente d'une manière particulière la personne du Christ qui vous accueille et vous veut du bien. Il n'est pas seul dans ce dialogue : il vit et anime une communauté ecclésiale, il est aussi au service de l'Église. Les points délicats comme les exigences de l'amour chrétien le dépassent comme vous peut-être. Il s'agit d'aller ensemble à la rencontre de la vérité de votre amour. Écartez la crainte d'être jugés et profitez au maximum de ces entretiens pour affronter les thèmes qui vous tiennent à cœur. Rien de plus pénible que les non-dits. L'expérience pastorale du prêtre peut vous aider. Quant à vous, comme avant une rencontre importante, sachez ce dont vous voulez parler, et cernez les questions à poser. D'ailleurs, il peut être bon que le fiancé ou la fiancée rencontre l'une ou l'autre fois le prêtre seul.

Prenez soin de ces rencontres dans votre agenda. Votre temps est précieux, celui du prêtre aussi. Vous verrez aussi de plus près ce qu'est la vie d'un prêtre ou d'un diacre aujourd'hui. Ce qu'il fait pour vous, il le fait pour d'autres : il est parfois difficile de le joindre ou de prendre rendez-vous avec lui. Ne vous en étonnez pas. Cette connaissance mutuelle est riche d'avenir, car elle vous permet de réfléchir à votre place dans l'Église comme couple. Ces dialogues permettent un enseignement mutuel. Si le célibataire qu'est le prêtre a une si belle expérience de ce que peut être l'amour conjugal et familial dans l'Église, c'est notamment grâce au témoignage et de la confiance que les fiancés et les familles lui portent !

Dans le rite latin, les prêtres sont choisis parmi ceux qui ont le charisme du célibat. Cette disposition est parfois perçue comme une limite pour la compréhension de l'amour conjugal et la préparation du mariage. De fait, il y a une pauvreté à ne pas vivre le mariage. Pourtant, cette solitude à l'intérieur d'un don et d'une mission vécue est très souvent une chance pour une meilleure compréhension des sources et des conditions de l'amour. L'humilité pour le prêtre comme pour les futurs époux sera de reconnaître que nous sommes tous pauvres en amour et que nous avons à aimer de l'amour même de Dieu. La solitude du prêtre rappelle aux époux cette vérité de l'amour vulnérable. L'essentiel n'est-il pas que tout amour humain se reconnaisse à l'image même de l'amour de Dieu ?

4. Un témoignage et un enseignement de couple à couple

Tous les couples ont une grâce à partager : leur amour. Ils peuvent en témoigner concrètement et sont d'une aide précieuse pour ceux qui se lancent dans l'aventure. Se préparer au mariage, c'est écouter la sagesse des

« anciens » et leurs conseils comme couple ne sont pas toujours superflus ! Selon la paroisse et la culture, des rencontres pour les fiancés avec quelques couples sont organisées. Il ne faut pas négliger l'apport de ces dialogues qui nécessitent apprivoisement, ouverture, compréhension mutuelle. Les situations sont bien différentes, mais elles reflètent le plus souvent la situation de l'Église.

Si un enseignement est donné, il aidera à mieux comprendre la place sacramentelle de la famille dans le couple. D'autres aspects peuvent être également soulignés : psychologie de l'homme et de la femme, données juridiques et biomédicales, éducation à la prière, meilleure connaissance de la Parole de Dieu. S'il est possible de développer des liens plus intimes avec un couple d'expérience, il est essentiel que les fiancés puissent le rencontrer personnellement, échanger et poser les questions qui les « travaillent ». La relation de couple à couple est d'une grande richesse catéchétique. Sans s'opposer à la préparation avec le prêtre, elle l'enrichit, l'approfondit et lui donne tout son sens.

5. Des fiancés qui se parlent et prennent du temps pour eux

Une période de fiançailles suppose des temps de réflexion et de partage en couple. Il n'est pas toujours simple de se réserver ces temps ou de trouver des lieux propices à un dialogue paisible et fructueux. Les maisons familiales, avec les rencontres des uns et des autres et la promiscuité des lieux, ne sont pas souvent adéquates ; les restaurants ne le sont pas automatiquement. Les balades et lieux naturels peuvent correspondre à cet objectif. Des week-ends organisés (prière, rencontre, partage) par des mouvements ou des centres de préparation sont d'une grande aide. Il convient aussi d'apprendre certaines méthodes de dialogue pour oser aller au fond des choses (méthode qsms : questions et « quels sont mes sentiments à ce propos ? », travail du livret promu par le mouvement « mariage-rencontre »). Certains guides vous permettront aussi d'aborder des thèmes oubliés, craints ou négligés.

La parole est le chemin de l'amour. Tout ce que vous partagerez à l'autre dans la confiance et l'humilité est un matériau pour la construction et l'aménagement de cette mystérieuse unité qui est en train de naître : le couple. Par ailleurs, ce que vous dites doit surgir de votre amour pour l'autre dans le respect. L'amour prend patience. Il faut le temps des fiançailles pour se confier à l'autre sans sombrer dans le mythe de la transparence absolue. N'ayez crainte d'épuiser le mystère de l'autre : il est infini. D'autre part, entrer dans ce partage c'est expérimenter ce qui donne saveur à l'amour qui veut durer. On fonde sa vie non pas sur des sentiments, mais sur une volonté d'aimer l'autre et d'en goûter le mystère. L'amour fortifie l'autre par la parole.

4

La prière et la croissance spirituelle avant le mariage

Saisir la signification spirituelle du « temps des fiançailles » n'est pas simple. Entrer dans un dynamisme de meilleure connaissance de sa foi et de conversion personnelle suppose un désir et un travail sur soi, en même temps que le passage par certaines étapes de la vie spirituelle. C'est à la fois un chemin dont l'horizon est loin de nous et d'autre part un carrefour où il faut poser le premier pas dans une certaine direction.

Voici quelques indications pour mieux comprendre la valeur des fiançailles et pour baliser les étapes de cette période.

1. Les fiançailles ou le passage au désert

Quel que soit le nom donné à ce temps de préparation ou quelle que soit la situation des futurs époux, cette période a une saveur particulière. Chacun des fiancés peut prendre distance par rapport à la réalité des sentiments amoureux et en même temps les approfondir et les intensifier. De ce balancement entre rapprochement et distance peut naître une vraie décision d'amour. Les fiançailles pourraient être appelées un « temps de désert », un passage par une certaine mise à l'épreuve de l'amour ressenti, un recueillement des personnalités avant un don définitif et total.

On peut comparer cette expérience spirituelle avec celle du peuple d'Israël qui mit du temps avant d'entrer dans la Terre promise et faire alliance définitive et consciente avec son Dieu (Dt 4). L'amour humain est à l'image de l'amour de Dieu pour son peuple. Il fallait du temps à Israël pour devenir un peuple, pour se connaître comme peuple aimé de Dieu, pour accepter les exigences de cet amour divin et essayer d'y correspondre (lisez le prophète Osée). De même pour l'amour humain : le temps purifie les images narcissiques de deux êtres qui ont besoin d'apprécier la différence qu'est autrui et de sortir de soi pour aimer en vérité. La formation de l'identité du couple s'opère petit à petit à travers la parole des fiancés : projets et décisions en commun, compréhension de l'essentiel de leur amour, mise en œuvre concrète d'un rythme de couple (ne plus décider seul, tenir compte des sensibilités et de l'avenir de l'autre, construction des caractéristiques du nouveau couple).

On peut parler de mise à l'épreuve mutuelle si on n'oublie pas que c'est l'amour qui éprouve. Que les fiancés éprouvent aussi, durant cette période, des doutes et des inquiétudes, quoi de plus normal ! Passer au désert, c'est entrer dans une attente, oser des découvertes et explorer le mystère de l'autre, ne pas craindre un combat spirituel. Cette période appartient déjà au secret des cœurs. Chacun des fiancés profitera aussi de temps gratuits, de moments de silence pour mûrir une décision qui l'engage et qui engage l'autre qu'il aime.

Le temps des fiançailles est plus ou moins long selon les couples, les conditions de vie et les impératifs familiaux. Le contenu et les expériences de cette période peuvent également être très variés. De nombreux couples ne partagent-ils pas déjà une vie commune ? La question des relations sexuelles durant cette période est délicate et il convient d'être le plus vrai possible dans les entretiens sans entrer dans des jugements a priori de part et d'autre. Le temps des fiançailles vaut non pour la forme mais pour la mise en liberté de chacun qu'il opère et pour la connaissance mutuelle et vraie qu'il offre. Cette période est transitoire par définition. Elle est une aide pour partager beaucoup de choses sans devoir tout vivre ensemble. Affronter les différences et des conflits sérieux pour être en vérité n'est pas un mal. Il est parfois facile d'éviter ces expériences en n'étant pas sous le même toit. Il est parfois douloureux de porter ces expériences en se retrouvant dans le même appartement et le même lit. En ce sens, les fiançailles doivent être un temps de respiration pour les futurs époux. La liberté de chacun doit y être préservée et respectée dans l'espace et le temps.

Si l'Église insiste encore aujourd'hui sur le temps des fiançailles, c'est pour valoriser la nécessaire connaissance mutuelle des futurs époux et pour leur permettre de comprendre en profondeur la signification de l'engagement sacramentel. Sans renoncer aux exigences de virginité, de chasteté et de respect l'un de l'autre, elle invite chacun des fiancés à entrer dans une liberté d'amour de plus en plus grande à la suite du Christ. Toutes les cultures ont développé des temps de préparation à l'engagement « homme-femme ». pour les baptisés, les fiançailles peuvent aider chacun à approfondir sa foi, à comprendre le sacrement, à saisir la mission du couple et de la famille dans l'Église et dans le monde. Il existe un rituel pour une cérémonie qui peut être présidée par le prêtre, le diacre ou par un parent ou un ancien. Cette prière est centrée sur la parole de Dieu. Sans ressembler au rite du mariage, elle comporte cependant des bénédictions (par exemple : une bénédiction de la bague de fiançailles).

2. La prière du couple

Prier en couple n'est pas si facile. S'exprimer sur le mystère de la sexualité est parfois plus aisé pour un couple que de parler de cette réalité intime d'un cœur qui parle ou non à son Créateur. Comment faire ? Que dire ? Que partager ? La réalité de la prière est toujours personnelle. L'homme ou la femme en ont une expérience

différente de par leur éducation ou leur histoire. La richesse du sacrement peut déployer cette réalité d'une prière conjugale et familiale. Il y a une grâce nouvelle à découvrir. Jésus n'a-t-il pas dit : « Là où deux ou trois sont réunis en mon nom, je suis au milieu d'eux » (Mt 18,20) ? Dans la préparation au mariage, il est important de parler de cette réalité et de faire l'apprentissage de plusieurs manières de prier, en solitude ou ensemble.

De fait, c'est le premier acte du couple en tant que couple. Ne faudrait-il pas s'y préparer tant pour la célébration que pour la vie quotidienne ? Rien de tel que de prier ensemble de temps en temps avant le mariage. Par ailleurs, cette prière du couple est prévue dans la liturgie juste après l'échange des consentements. Cette insertion remarquable dans la liturgie définit la tâche et la mission spécifique du couple dans l'Église : être une icône du Christ pour les hommes. Composer cette prière suppose un dialogue entre époux sur l'acte de prier, sur la manière personnelle de prier. Peut-être faut-il commencer à apprendre à prier chacun et chacune avant de composer cette prière commune. Pour la préparer, il faut en tout cas prévoir du temps. Dans sa forme comme dans son contenu, elle peut reprendre des désirs personnels du couple. Cette prière peut appartenir également au trésor de prières des chrétiens depuis 2000 ans. Un conseil : écrivez-la « au propre » et gardez-la bien en vue dans le foyer. Vous pourrez ainsi la relire régulièrement aux anniversaires de mariage ou lors d'événements importants de la vie familiale.

3. L'approfondissement des questions

Osez discuter des principaux obstacles auxquels se heurtent régulièrement les futurs époux : difficultés financières, sensibilités familiales différentes, expressions affectives et sexuelles, questions de foi, interrogations sur l'actualité de l'Église. Il ne faut pas négliger l'attitude de chacun face à l'accueil de l'enfant, la régulation des naissances et les moyens à utiliser. En allant sérieusement au fond des choses, l'amour mûrit et la perception de la présence divine dans le couple et la vie quotidienne se fait plus précise. Comment le Christ peut-il à la fois nous éclairer et nous aider à vivre une réelle profondeur de l'amour ? Comment l'amour est-il compréhension du mystère de la vie de Dieu et de la foi en Lui ? Quand l'amour humain grandit, se purifie, s'affermit, il se prépare à rendre gloire à Dieu.

Cette connaissance mutuelle par la parole peut se déployer et s'approfondir dans un service rendu ensemble pendant une période transitoire. Un service est une activité pratiquée à deux, ouverte sur les autres et le monde. La gratuité de ce temps comme de l'activité est un facteur de vérité car elle permet au couple de « sortir de soi » et d'éprouver sa capacité à « faire » quelque chose ensemble. Il se constitue ainsi dans le groupe comme une entité avec ses forces et ses faiblesses. Chacun est amené à porter l'autre et à l'aider. Si ce service est offert aux plus pauvres ou vécu dans un milieu différent des futurs conjoints, il n'en sera que plus fécond pour la qualité de l'amour qu'il fera grandir dans leurs cœurs.

4. La fécondité du sacrement de mariage

La vie sacramentelle est faite de signes qui ont des significations et qui introduisent à la vie en Christ. Les signes n'ont pas une efficacité magique. Se marier à l'Église n'est pas un talisman ou un gage de réussite absolue. Le signe doit être assumé par la liberté humaine. Sa fécondité est liée aussi en partie à la vérité de ceux qui le posent. Promettre de s'aimer et de se pardonner sans avoir expérimenté le pardon de Dieu dénote un manque de réalisme. Si les cœurs des conjoints sont unis et réconciliés avec Dieu, le fruit du don de leur amour dans le mariage et l'Eucharistie en sera plus explicite, plus visible. Chaque fois que nous pouvons mettre nos cœurs au diapason à la fois de Dieu et de l'Église, nous ouvrons notre amour à une fécondité nouvelle et vraie.

Cette fécondité du couple est un signe de l'amour. Comment les époux seront-ils ouverts au témoignage, à la mission de l'Église, à la compréhension de la Bonne Nouvelle qu'est l'Évangile ? Comment voudront-ils en vivre et transmettre cette vie à leurs proches ? Quelle sera la perméabilité de leur amour aux pauvres et aux petits ? L'hospitalité de leur foyer sera-t-elle pour tous ou réservée à une certaine classe sociale ou à un groupe d'amis ? L'ouverture aux enfants dans la procréation et l'éducation est une condition de validité de l'amour sacramentel : ne pas vouloir d'enfants, c'est nier la responsabilité propre confiée par Dieu aux époux. L'amour se veut fécond : parler de cette fécondité et des moyens à mettre en œuvre pour la faire naître, prendre les décisions adéquates durant la préparation du mariage et au cours des premiers mois de la vie à deux, voilà les pas d'une croissance spirituelle commune.

Dans le domaine sacramentel, il est bon de renouveler la vision que nous avons des signes que Dieu nous offre dans sa simplicité. La pratique chrétienne n'est pas anodine. Le sens de l'Eucharistie dominicale, le désir de comprendre et de vivre le pardon de nos péchés, la beauté de notre baptême et de notre insertion dans l'Église sont des thèmes à approfondir pour éprouver toute la fécondité du mariage. Il est important aussi de prendre conscience de la place du sacrement de la confirmation. Pour ceux et celles qui ne l'auraient pas encore reçu, l'Église conseille de s'y préparer et de le recevoir avant le mariage [1].

5. La découverte des dons spirituels de chacun

La connaissance mutuelle implique une découverte des qualités et défauts de l'autre. La curiosité amoureuse englobe à la fois l'appréciation du corps de l'autre, l'attraction éprouvée, le goût de certains traits de tempéraments et d'action. Le corps est intimement uni à la vie spirituelle dans l'unité personnelle de chacun. Il conviendrait pour les fiancés de chercher aussi à admirer les dons spirituels de chacun et de remercier Dieu pour le cadeau

1. Les catholiques qui n'ont pas encore reçu le sacrement de confirmation le recevront avant d'être admis au mariage, si c'est possible sans grave inconvénient (Code de droit canonique n° 1065). La confirmation est un des trois sacrements de l'initiation chrétienne. On comprend aisément l'importance de recevoir tout le fruit spirituel de cette initiation avant de s'engager dans une mission et une grâce nouvelle pour les époux comme pour l'Église.

qu'est l'autre. Cette démarche est à la fois simple et complexe. Elle peut prendre divers chemins. Par la foi, on peut faire attention à inclure dans sa prière quotidienne l'exercice suivant :

- entrer en prière personnelle et demander la grâce désirée : en se rappelant le visage de celui ou de celle qu'on aime, demander au Seigneur qu'il vous indique une de ses qualités spirituelles.

- comment ? Faire le silence en soi. Demander la grâce en se faisant petit devant Dieu. Être attentif pendant quelques minutes aux paroles même de Jésus dans l'Évangile, aux images, aux faits et gestes qui surgissent dans ce temps de silence. Conclure par un remerciement.

- observer ce qui se passe dans la prière. S'il n'y a rien, il n'y a rien. Noter les images et paroles éventuelles. Reprendre plusieurs fois la même prière durant la semaine. Réfléchir sur ce qui vient. Si c'est « loufoque », laisser tomber.

- lors d'une rencontre, dialoguer avec son (sa) fiancé(e) : s'il nous semble avoir reçu une indication par rapport à la grâce donnée, il s'agit de la partager à l'autre.

Communiquer ses observations et ses admirations, remercier Dieu ensemble.

Cet exercice peut se faire durant quelques semaines ou dans des temps de récollection. Dieu vous a offert de nombreux dons spirituels. L'exercice permet un dialogue en profondeur et met les fiancés en prière l'un pour l'autre. Il les aide à découvrir la profondeur spirituelle de l'autre. Le sacrement de mariage, c'est découvrir que l'autre est le Christ pour vous d'une manière très intime et très proche. Les dons spirituels découverts et en relation avec les paroles de l'Écriture vous permettront de « cerner » la mission de votre couple et sa propre richesse.

5

La célébration sacramentelle

Cette préparation prend du temps et elle est l'occasion de mieux comprendre le sens du sacrement dans l'Église. Pour les futurs époux qui le désirent, cette période leur permet de personnaliser au mieux ce moment si important de leur engagement.

1. Une meilleure connaissance du rituel

Un rituel sacramentel est l'expression de la foi de l'Église [1]. Il s'agit d'un livre qui contient et explique l'ensemble des rites (signes) à observer et à vivre par le prêtre et les baptisés dans la célébration d'un sacrement. Le rituel du sacrement de mariage, tel qu'il est proposé, est assez souple pour permettre aux diverses sensibilités et situations spirituelles de se retrouver dans ce qui est proposé. Il est assez précis pour qu'on le respecte et qu'on fasse ce que l'Église demande. L'ensemble forme un tout cohérent. S'il y a beaucoup de signes différents dans la célébration, qu'on veille à souligner l'unité de la démarche.

Un rite est le rappel d'une histoire qui se déroule : l'unité de l'ensemble donne le sens de chaque étape et de chaque moment. Au fond, le rituel ne dit pas tout d'un coup : il conte une histoire et permet une véritable célébration qui s'étale dans le temps. Les gestes et les paroles ont des liens entre eux. Tout n'est pas dit d'un coup et même certains aspects du mystère sont répétés (cf. les bénédictions) et enrichis au fil de la célébration. Le

1. Le rituel, dans sa traduction française, a été approuvé le 8 novembre 1968 par l'Assemblée plénière de l'Épiscopat. Après avoir été confirmé par la Congrégation pour le culte divin (Rome : 2 juin 1969), il a été rendu obligatoire par l'Assemblée plénière pour toute la France en novembre 1969. Un travail de correction et d'amplification est actuellement en cours avant sa réédition.

rituel lui-même est donc, dans sa totalité, un instrument de catéchèse et de témoignage, tant dans sa compréhension durant la préparation que dans sa mise en acte dans la célébration. Les deux moments (lecture et célébration) ont leur spécificité et leurs modalités catéchétiques différentes.

La dynamique d'ensemble

Pour le prêtre (et pour les fiancés), il est bon de saisir la dynamique d'ensemble et de mémoriser si nécessaire les divers moments (cf. un schéma dans la revue *Fêtes et Saisons*). La liturgie du mariage est une prière et une catéchèse depuis le rite d'entrée jusqu'au rite de conclusion. Elle développe ainsi les richesses du sacrement. L'accueil des fiancés, l'écoute de la parole de Dieu et son commentaire, le dialogue des époux, les interventions du prêtre, les prières et les chants de l'assemblée, les supplications et les bénédictions représentent les aspects essentiels et complémentaires de la réalité du mariage. Cette progression symbolise aussi la démarche spirituelle des fiancés : accueillis par le prêtre, ils sont instruits et fortifiés par la Parole, préparés par le dialogue et les questions du célébrant, engagés par le consentement, reconnus (témoins) et bénis dans et par l'Église, affermis par le corps et le sang du Christ si le mariage est célébré à l'intérieur de l'Eucharistie, ouverts à la prière personnelle, celle du couple et celle de tous (prière universelle).

L'abondance des propositions

Qui dit « rituel » dit « instrument souple et adapté » à la situation de chacun de ceux qui célèbrent le sacrement. L'abondance des textes et les propositions variées dans les formulations en témoignent. Cette abondance de propositions doit ouvrir l'horizon, particulièrement pour les partisans de la formule unique (« la règle-à-suivre-pour-tous »). Cette adaptation, cependant, s'exprime à des moments précis de la liturgie : elle n'est pas arbitraire. Pensons particulièrement aux monitions, aux bénédictions, au choix de textes de l'Écriture, aux expressions du consentement des époux. Dans ce domaine, il faut distinguer aussi nettement ce qui concerne les rites essentiels (écoute de la Parole, consentements, échange des alliances) des rites secondaires : les vêtements spéciaux, les cloches qui rappellent le baptême, les fleurs, le riz, les

ALLEZ QUOI ? JUSTE UN CHANT GREGORIEN DE RIEN DU TOUT.
NON, NON, NON ET NON

dragées, la jonchée etc., qui signifient et explicitent la beauté de l'amour et sa fécondité espérée.

Les critères d'adaptation

Avec le célébrant, vous préparez votre mariage et désirez personnaliser cette célébration. Ne lui demandez pas de faire le contraire de ce que demande l'Église, mais n'hésitez pas à proposer vos suggestions. Dans ce dialogue, il convient de chercher à comprendre l'intuition de la célébration et de respecter le mystère d'une unité ecclésiale. L'Église s'adapte à chacun en particulier et la même célébration peut revêtir des richesses variées tout en gardant l'unité du sacrement. Comment faire pour respecter les personnes et le sacrement ? Les critères de l'adaptation doivent viser une plus grande personnalisation de la célébration dans le respect de l'universalité de l'Église. L'universel est manifesté dans le particulier. Le rituel invite souvent les prêtres à « s'inspirer de », à « prendre ces termes et d'autres semblables ». Le cadre d'un rituel est le socle de la personnalisation de la prière comme de toute créativité liturgique. Tous les couples promettent « la même chose », mais la manière dont ils le font sera toujours singulière pour la plus grande joie de l'Église.

« Le prêtre montrera comment le rituel rejoint leurs préoccupations (des fiancés), exprime le lien qui existe entre leur vie et la liturgie, donne un rôle plus actif aux époux dans le sacrement et accorde une place plus importante à l'assemblée. Il se préoccupera de faire une catéchèse du sacrement à travers les rites et les textes retenus ou ceux qui ont posé question ; de chercher avec les fiancés ce qui est le plus vrai pour eux ; de leur permettre de se préparer à recevoir la grâce du sacrement ; d'arrêter définitivement les formules qui leur semblent les meilleures pour eux-mêmes et l'assemblée.

Cette connaissance qu'il aura acquise lui permettra également de tenir compte de ces différents éléments dans ses interventions, homélie ou monitions, qu'il devra prononcer au cours de la célébration. Il évitera tout commentaire superflu : les rites se suffisent à eux-mêmes et supportent difficilement des compléments inutiles. Les multiplications de monitions ou d'interventions diverses ne peuvent que nuire à la célébration ; elles alourdissent l'ensemble de la cérémonie et brisent le rythme » [1].

1. R. Beraudy et al., *Des chrétiens découvrent le nouveau rituel du mariage*, Paris, Centurion, 1969, p. 17.

La liturgie du mariage

Accueil

Le rite d'accueil a pour but de permettre une rencontre entre le célébrant et les fiancés. Il vise à les aider à mieux entrer dans la démarche liturgique. Il s'agit à la fois d'établir un climat (commencer par être à l'aise dans la maison de Dieu et au cœur de son peuple) et de manifester l'entrée en prière de toute l'assemblée.

Cet accueil est fraternel, le plus souvent à la porte de l'église. Il est un geste d'hospitalité pour le futur couple qui va s'offrir au Seigneur. Il est un geste de gratitude de l'Église pour les parents et les familiers qui ont fait grandir cet amour jusqu'à son fruit conjugal. Dans les cas où les fiancés veulent accueillir eux-mêmes les membres de leur famille et leurs amis à l'entrée de l'église, le prêtre accueillera les fiancés et la famille à l'autel au début de la célébration. Au nom du Christ qu'il représente, il invite l'assemblée à entrer avec joie dans l'événement.

Tout en respectant les coutumes locales, le prêtre doit

veiller à faire participer toute l'assemblée à cet accueil. Le cortège comme la procession ont normalement cette finalité. Souvent le cortège (la « suite ») manifeste déjà symboliquement le désir d'alliance des deux familles : il rappelle concrètement aux fiancés qu'ils vont s'unir et entrer, chacun, dans une autre famille. L'entrée de ces familles dans l'église (au sens matériel du terme) élargit également les liens du sang pour les mettre au diapason d'une communauté ecclésiale. Les deux familles « entrent » dans la famille plus large qu'est l'Église qui les accueille en ce beau moment. Cette entrée doit être festive, chantée ou dansée. La tonalité de la fête de l'amour est donnée par cette montée vers l'autel, symbole du Christ en qui l'alliance sera conclue. Déjà le roi David dansait devant l'arche d'alliance. À plus forte raison, devrions-nous nous émerveiller de cet amour humain qui va faire corps avec l'amour divin dans son Église ! Dans l'énervement ou certains moments de désorganisation ou de mondanité, il revient au prêtre de resituer l'événement qui commence. Une parole à toute l'assemblée peut résumer le désir des fiancés d'être entourés de l'amitié et de la prière. La monition d'accueil du prêtre donne le sens de ce rassemblement et favorise la communion d'une assemblée unique en son genre puisqu'elle ne s'est jamais réunie avant ce jour du mariage.

Les lectures

Elles ont été choisies par les fiancés et manifestent souvent leurs préoccupations spirituelles. Elles reflètent l'axe de leur amour, leurs désirs de le vivre de telle ou telle manière. Ces lectures représentent comme un appel pour le nouveau couple. La future mission du couple peut y être comme en germe. La Parole de Dieu agit également comme un glaive dans l'assemblée : elle touche les cœurs ouverts à la réalité d'un amour nouveau. Elle invite les adultes plus âgés à faire mémoire de leur propre vie et de leurs engagements. Elle témoigne pour les plus jeunes des exigences et de la beauté de l'amour divin dans l'histoire des hommes.

Il est bon que le choix des époux se porte sur les textes mêmes de la Bible puisqu'elle est Parole de Dieu dans notre histoire. Il ne convient pas de « substituer » à l'Écriture d'autres textes sur l'amour. L'Écriture a un statut particulier : choisir des textes dans la liturgie, c'est laisser la Parole de Dieu nous interpeller. Les plus beaux textes sur l'amour sont à l'image de cette Parole de Dieu qui nous dit son amour. On peut tisser la célébration avec d'autres textes et témoignages : ils mettront en lumière l'originalité de l'Écriture et comme toute parole humaine, ils trouvent leur origine en Dieu. Selon la durée de la célébration et son style, il vaut mieux donc les apprécier en même temps que les textes de la Bible et ne pas chercher à remplacer ces derniers.

L'homélie

Il s'agit d'expliciter le contenu des textes et de souligner les significations les plus adéquates au sacrement célébré. Les descriptions de l'amour chrétien doivent être actualisées : le lyrisme et la poésie doivent toucher les cœurs et la vie quotidienne. Inutile d'y développer toute la doctrine du mariage.

L'enseignement est pour toute l'assemblée. Il dépasse la particularité de ces époux-là. Il ne faut jamais négliger de souligner l'originalité et la spécificité du sacrement de mariage dans une assemblée qui compte souvent des mal-croyants ou des non-chrétiens. Quelques allusions personnelles à la vie des époux rendent l'homélie plus fraternelle et familiale. Cependant que celle-ci ne soit pas trop longue surtout si les enfants sont nombreux dans l'assemblée. L'homélie vise à mettre les cœurs au diapason du sacrement qui va être vécu. Elle est souvent suivie d'un temps de silence qui laisse l'Esprit agir dans l'assemblée et la prépare à l'échange des consentements.

L'échange des consentements

Le premier dialogue

Le prêtre (le diacre) représente le Christ. En Son nom, il invite à l'échange des consentements. Il rend consciente l'assemblée ecclésiale, particulièrement aussi les témoins, de la gravité de l'instant et de son sérieux. Il rappelle aussi devant tout le monde le contenu objectif de la promesse échangée. Le don est spécifié. Il n'est pas le fruit d'un caprice de l'amour des époux. Le don est spécifié par le Christ, en son Église. L'engagement au mariage est le respect, dans les conditions fondamentales de liberté, de l'indissolubilité du lien, de l'unité conjugale et de sa fécondité (ouverture aux enfants et responsabilité éducative de parents).

Ces conditions ne sont pas un nouveau code d'interdits ou d'obligations. Si elles obligent, c'est au nom de la vérité de l'amour. La fidélité est une joie pour les jeunes époux qui s'engagent l'un envers l'autre. L'indissolubilité est une chance pour l'avenir du lien qu'ils construisent. Un lien fort « apaise », « protège », « enracine », « fortifie » les sentiments et les volontés de ceux qui s'offrent l'un à l'autre. L'accueil spontané de l'enfant tel qu'il est donne l'assurance d'une fécondité à cet amour au long des jours. Ces promesses personnelles dépassent ceux qui les font. Elles entrent dans le domaine public et ecclésial. Au fond, l'amour dans sa réalité la plus personnelle revêt également un aspect social. L'amour n'est pas que de l'ordre « privé ». Réciproquement, nous avons aussi une responsabilité face à tout lien d'amour personnel.

Il ne faut pas enlever la gravité et la solennité liées à ce moment. Elles s'expriment à l'intérieur d'une grande simplicité de paroles. Tout le monde peut comprendre. Tout le monde devrait entendre. Il est bon que l'on prenne le temps dans ce premier dialogue.

Nous sommes loin d'une interview ou d'un interrogatoire juridique. Il ne s'agit plus de faire ou de relire la déclaration d'intentions des époux. Il s'agit d'un acte liturgique qui dans sa simplicité met les personnes en liberté et donc en responsabilité. Le prêtre engage aussi sa responsabilité en mettant chacun dans la vérité de ce qui va se passer. Ce dialogue ouvre publiquement un espace et un temps pour la liberté des futurs époux. Le « oui » des époux commence à un moment précis de la vie ecclésiale et cet instant contient en germe toute la croissance de l'union conjugale en Dieu avec ses joies et ses peines.

L'INVITATION À L'ÉCHANGE DES CONSENTEMENTS

« Dans le rituel du mariage proprement dit, l'ordre des parties peut être modifié ; on peut même omettre, si cela paraît opportun, les questions qui précèdent le consentement, mais en maintenant fermement cette loi : c'est le prêtre qui demande et qui reçoit le consentement des contractants » [1].

La mission du prêtre (ou du diacre) est bien précise : elle manifeste l'antériorité de la présence divine à tout amour. Dans ce domaine, c'est toujours Dieu qui fait le

1. conférence des évêques catholiques du Canada, *Rituel du mariage*, Montréal, 1983, p. 19 (Notes pastorales)

premier pas. Le prêtre manifeste aussi aux époux qu'ils s'engagent devant Dieu et dans l'Église. Cette antériorité est le prologue de la formule du consentement. La présence et l'action du prêtre manifestent l'action du Christ. Dieu n'est pas nommé dans la formule du consentement, mais sa présence et son acceptation sont à l'intérieur de la conscience et du don personnel et libre des fiancés. On ne peut pas demander à tous ceux qui se marient à l'Église de faire un acte de foi en s'engageant « au nom de Dieu ». Le serment n'est pas divin : il est celui de deux personnes, de deux libertés qui se donnent en toute conscience. On ne se marie pas pour faire plaisir à la famille ou au conjoint avec lequel on cohabite déjà. On se marie librement : une liberté ne peut se donner qu'à une autre liberté. La liberté de Dieu se joint alors à la liberté de l'homme.

Le prêtre invite les époux qui ont affirmé leur intention de s'unir, à se donner la main et à « parler leur engagement ». Les époux s'offrent l'un à l'autre par les mains (main gauche, main droite ou bien les deux mains en se regardant face à face).

L'ÉCHANGE DES CONSENTEMENTS

C'est le « oui » définitif des époux l'un à l'autre. C'est le « oui » du Christ aux époux. La forme dialoguée exprime la responsabilité prise par les époux. Elle respecte le mouvement de l'amour qui est appel et réponse intimement mêlés. Deux personnes veulent s'aimer et manifestent cette volonté : elles s'accueillent et se donnent l'une à l'autre. « Le consentement matrimonial est l'acte de la volonté par lequel un homme et une femme se donnent et se reçoivent mutuellement par une alliance irrévocable pour constituer le mariage » [1]. Au-delà du sentiment éprouvé, c'est une volonté d'amour et de réception de celui-ci qui est au cœur du consentement.

Le consentement touche toute l'existence actuelle et future. Malgré le caractère incertain de toute vie humaine, chacun des membres du couple s'engage à être fidèle. À la vie, à la mort : l'amour conjugal est indissoluble. Cette indissolubilité est une chance pour les époux. Comme l'écrit J. de Bourbon Busset : « Le lien fort rend fort » [2]. Elle est plus qu'un contrat légaliste. Elle est une ouvertu-

1. Code de droit canonique n° 1057.

2. J. de Bourbon Busset, « Le lien fort rend fort », dans La Croix, 2 février 1994, p. 21.

...VOULEZ VOUS PRENDRE MARIE, ICI PRESENTE...
MAIS QU'EST CE QU'IL FAUT QUE JE RÉPONDE DÉJÀ ?

re au mystère de l'amour qui lie et fortifie les volontés en vue d'une communion nouvelle.

Une mission (avec un avenir !) est contenue dans le présent du don réciproque des époux. L'avenir et la fécondité de cet engagement dépassent l'amplitude de tout autre type de contrat humain. Cette mission et ses modalités seront explicitées dans d'autres parties de la célébration. L'instant du consentement est solennel mais doit rester sobre.

Dès ce moment, le mariage est scellé. Les fiancés disposent de plusieurs formules et peuvent ainsi choisir celle qui leur semble la plus adaptée en ajoutant également quelques traits personnels. Cet instant est émouvant. Il n'est pas toujours facile de s'exprimer longuement sans émotions. D'autre part, la sobriété permet aux conjoints d'éviter de formuler des traits trop intimes de leur vie. Ce qui a été partagé durant la préparation reste vrai, même si l'amour passe par une expression qui est maintenant d'ordre public et ecclésial.

La ratification

« Le mariage se fonde sur le consentement des contractants, c'est-à-dire sur la volonté de se donner mutuellement et définitivement dans le but de vivre une alliance d'amour fidèle et féconde » [1]. Ce consentement fait le contrat personnel des époux. La réception des consentements par le prêtre se conclut par un acte de confirmation. D'une manière brève et ferme, le prêtre reconnaît cette déclaration des époux faite devant les témoins et toute l'assemblée.

Les formules peuvent varier : « Que l'homme ne sépare pas ce que Dieu a uni ». Ou bien, « Désormais, vous êtes unis par Dieu dans le mariage ». Il est important que les époux fassent un instant de « réflexion » sur l'acte immédiatement posé. Le prêtre peut leur dire avec discrétion une phrase de ce genre : « recueillez-vous en pensant à ce que Dieu a fait pour vous ». Au cœur du consentement, Dieu s'est rendu présent au point de s'engager lui-même avec les époux.

Pendant ce temps, cette reconnaissance est ponctuée d'un chant, d'une louange, d'une acclamation.

1. Catéchisme de l'Église catholique (CEC) n° 1663.

La remise des alliances

Cet échange exprime matériellement ce qui vient d'être dit au niveau du langage. L'anneau est symboliquement important. Il s'inscrit dans le corps des époux qui le porteront jusqu'à leur mort en dormant, en marchant, en travaillant, dans toutes leurs activités [1].

La formule à utiliser est simple. Il vaut mieux la connaître par cœur pour rendre le geste beau et spontané. Pour le prêtre, les enfants de chœur, les témoins etc., il convient de dégager un espace pour la beauté du geste et pour permettre la réalisation d'une belle photo. Ce geste n'est pas visible par toute l'assemblée. Sa mémoire photographique est une stèle de l'alliance conjugale.

Après la remise des alliances, selon les coutumes locales, on peut proposer d'autres signes accessoires. Il faut veiller à ce que leurs significations soient accessibles à l'assemblée. On peut penser au couronnement de l'épouse, du couple, à la remise du voile nuptial, au don des arrhes (monnaies d'or). « Dans la manière de célé-

1. Portée à l'annulaire de la main gauche (la main du cœur), l'alliance signale dans de nombreuses cultures la situation d'une personne mariée. Dans un couple chrétien, l'homme et la femme portent une alliance.

... EUH...
CHERIE, J'AI
OUBLIÉ LES
ALLIANCES.

brer le mariage en usage chez les peuples qui reçoivent maintenant l'Évangile pour la première fois, tout ce qui est honorable et n'est pas indissolublement solidaire de superstitions et d'erreurs sera apprécié avec bienveillance et si possible conservé intégralement, voire admis dans la liturgie elle-même, pourvu que cela s'harmonise avec les principes d'un véritable et authentique esprit liturgique » [1].

La prière des époux

L'existence et la place de cette prière après l'échange des consentements sont très significatives. Dans l'espace des libertés qui se sont offertes l'une à l'autre, dans la force de l'engagement du Christ, le couple découvre sa mission, sa tâche : être une ou une Église domestique (au cœur de la « domus », de la maison). Une expression privilégiée de cette nouvelle unité qu'il forme est la prière. Le couple, uni à Dieu, s'unit à Dieu par la prière et témoigne dans la communauté de l'importance de cet acte pour aimer. La prière des époux précède celle de l'assemblée

1. Concile vatican II, *Constitution sur la liturgie*, Sacrosanctum Concilium, n°37.

(prière universelle) : elle l'entraîne en quelque sorte par sa nouveauté et sa singularité.

Prier touche la personne de manière très intime. Il n'est pas indifférent de montrer que l'intimité du couple ne s'identifie pas uniquement à la relation corporelle et sexuelle. Se connaître en profondeur, communier à l'essentiel, c'est aussi prier ensemble en se respectant. La prière des époux manifeste l'idéal de la communauté de vie et d'amour qu'ils sont appelés à vivre. Leur fécondité et leur union s'exprimeront dans cette vie de prière ensemble. Ils peuvent en témoigner en prenant une des prières du trésor de l'Église. Ils peuvent également profiter de l'événement pour composer ensemble une prière. Cette prière plus personnelle exprimera l'action de grâce comme la confiance qu'ils veulent vivre en tant que couple. Cette prière pourra être aussi celle qui les accompagnera durant leur vie commune, particulièrement aux moments importants de joies et de peines, dans les rythmes anniversaires de l'amour.

Le fruit de cette prière est un témoignage, un décentrement de l'amour qui se tourne vers Dieu, vers l'Église et vers le monde. Cette prière rappelle également la démarche de Sarah et de Tobie (Tobias) avant de s'unir charnellement. Entre le consentement et l'union des corps, la prière des époux remet les époux dans le dessein d'amour de Dieu sur eux-mêmes.

"Elle se leva et ils se mirent à prier et à supplier pour que leur soit accordé le salut. Et il se mit à dire :

Béni sois-tu, Dieu de nos pères !

Béni soit ton Nom dans toutes les générations à venir !

Que te bénissent les cieux et toute la création dans tous les siècles !

C'est toi qui as fait Adam, c'est toi qui as fait pour lui une aide et un soutien, sa femme Ève, et de tous deux est née la race des hommes.

C'est toi qui as dit : Il n'est pas bon que l'homme soit seul, faisons-lui une aide semblable à lui.

À présent donc, ce n'est pas un désir illégitime qui me fait épouser ma sœur que voici, mais le souci de la vérité. Ordonne qu'il nous soit fait miséricorde, à elle et à moi, et que nous parvenions ensemble à la vieillesse.

Puis ils dirent d'une seule voix : « Amen ! amen ! », et ils se couchèrent pour la nuit. (Tb 8,5-9)."

La prière universelle

Cette prière est pour l'Église, le monde, les époux. Elle est d'ailleurs en continuité avec la prière des époux. L'amour vrai prend soin et souci de tous à partir du nouveau foyer qui s'est constitué. Il faut veiller à cette universalisation des intentions et à la présence au cœur de la fête d'une communion vraie avec la souffrance, la pauvreté, la mort. Si l'amour est plus fort que la mort, il doit le manifester dans la prise en charge orante de toute l'humanité qui peine et qui souffre. Il est bon de faire participer les membres des familles et les témoins à ce partage d'intentions. Ces quatre ou cinq intentions peuvent être écrites par ceux et celles qui les liront. Elles seront entrecoupées d'une prière chantée.

La liturgie eucharistique

Le sacrement de mariage « donne aux époux de signifier, en y participant, le mystère de l'unité et de l'amour fécond entre le Christ et l'Église » [1]. Lié à l'Eucharistie, le mariage y reçoit sa pleine signification pascale. C'est le

1. *Lumen gentium* n°11.

don du Christ en son corps et son sang qui leur donne de se donner pour toujours. À l'image du Christ, ils sont faits pour s'aimer jusqu'au bout de l'amour. Ils sont appelés à donner toute leur vie l'un pour l'autre. La célébration du mariage devrait normalement s'épanouir pleinement dans l'Eucharistie (cf. CEC n° 1621).

L'Eucharistie n'est pas un « must », un ornement supplémentaire pour la solennité de l'engagement. Elle n'est pas un privilège. Elle n'est pas pour une élite. Il existe des préfaces et des prières eucharistiques adaptées à l'événement et pour la plupart de ceux et celles qui assistent à l'engagement, elle peut être un moment privilégié de prier le Seigneur. L'amour est un acte d'offrande. Pourquoi ne pas offrir ensemble ces nouveaux époux afin que Dieu nous les rende comme signes de son amour dans notre quotidien ? Cependant, il convient de célébrer en vérité cette Eucharistie du mariage en la reliant à celles auxquelles les fiancés ont pu participer. L'Eucharistie du mariage doit engager si possible dans la fidélité à l'Église et au Christ. Certaines situations supposent une séparation entre les deux sacrements.

La bénédiction nuptiale

Au cœur de l'Eucharistie ou du sacrement de mariage suivant les formules, la liturgie de l'amour des époux comporte cette bénédiction particulière. Elle participe de la tradition des grandes bénédictions : c'est une prière ample, dite calmement par le célébrant et dirigée vers les époux. Cette bénédiction manifeste toute la bonté divine qui repose désormais sur ce nouveau couple. Après un temps de silence, le prêtre ou le diacre dit cette prière, les mains étendues. S'il y a concélébration, les prêtres peuvent la proclamer ensemble.

La prière fait mémoire du plan d'amour de Dieu pour l'homme et la femme, pour son peuple : mémoire de l'histoire du salut et de la place du mariage dans cette histoire. Elle souligne les exigences de l'amour mutuel pour les deux époux : sans fusionner les personnes, elle les met en communion pour leur nouvelle vie. Elle souligne aussi combien « les deux époux ont des devoirs égaux de mutuelle fidélité » [1]. Cette bénédiction est offerte aux époux avant qu'ils ne reçoivent en leur corps, le corps et le sang du Christ. Le mariage est uni intimement à l'accueil et au don du Corps du Christ. C'est en lui que les

1. *Sacrosanctum Concilium* (SC n 78).

époux vont faire corps dès à présent. Les époux reçoivent ainsi l'assurance qu'ils peuvent prendre appui sur le Christ qui fortifie et sanctifie leur amour.

La bénédiction nuptiale se dit après le « Notre Père » et avant la fraction du pain. Le prêtre omet l'exhortation habituelle « Délivre-nous » et enchaîne immédiatement par une invitation à la prière ; puis, après un temps de silence, il poursuit la prière de bénédiction.

Le rituel prévoit plusieurs formules. Ce choix est à respecter par le prêtre qui doit introduire les époux à la réalité des bénédictions. Ces textes, de longueur, de style et de contenus variés, peuvent aider chacun à trouver la tonalité adéquate. Une formule de bénédiction peut choquer un couple : il est intéressant de comprendre ensemble pourquoi. Une autre formule parvient à le toucher, le fortifier et faire la joie de l'assemblée chrétienne.

La bénédiction est strictement liée à la présence du prêtre ou du diacre. « C'est le prêtre qui demande et reçoit le consentement des contractants et qui donne la bénédiction nuptiale » [1].

1. conférence des évêques catholiques du Canada *Rituel du mariage*, Montréal, 1983, p. 19 (Notes pastorales).

Le diacre, en l'absence de prêtre, accomplit les mêmes rites que le prêtre pour la célébration du mariage, y compris la bénédiction nuptiale.

La bénédiction finale

Elle exprime tous les souhaits de l'Église pour les nouveaux époux. Elle est essentiellement tournée vers l'avenir de l'amour : sa fécondité, sa fidélité dans le temps, la vie dans l'Esprit Saint et par ses dons.

Cette bénédiction est aussi un rite de conclusion. Elle doit pouvoir rejoindre et inclure l'ensemble de l'assemblée qui repart fortifiée par l'action de Dieu et le témoignage des nouveaux époux. Cette bénédiction, dans son contenu comme dans sa forme, doit exprimer l'abondance et la richesse de l'amour de Dieu qui est pour tous. Elle dilate les cœurs. Des personnes blessées par la vie et qui sont dans l'assemblée y recevront consolation et espérance. Les époux eux-mêmes y voient leur mission confirmée.

La signature des registres

Cet acte « administratif » peut être réalisé au moment et au lieu le plus opportun. Il est situé régulièrement après le rite principal du sacrement de mariage et avant l'offertoire, ou bien après la bénédiction finale. Le sens de cette inscription ne doit pas être négligé [1]. Elle manifeste le sérieux que l'Église accorde à la parole donnée devant les témoins. Elle convie les époux, comme les témoins, à inscrire cette parole dans la mémoire plus vaste de l'Église. La célébration concerne toute l'Église : tous les chrétiens peuvent en prendre connaissance et le nouveau couple s'inscrit dans l'Église telle qu'elle est, à un moment donné de l'histoire des hommes et dans une culture donnée. La coutume veut depuis quelques années que les époux posent également leur signature dans le registre. De fait, c'est prévu plutôt pour les témoins qui ont entendu l'engagement oral des époux. Cette promesse orale ne doit pas être « actée » normalement par écrit car l'Église fait confiance à la parole donnée. Ce qui est souli-

1. Le curé responsable du registre envoie une attestation de mariage à l'évêché. Ce dernier la transmet aux paroisses où les époux ont été baptisés. En marge de l'acte de baptême, on inscrit alors les données du mariage. Tout acte de baptême en fait donc mention dès ce moment. Cette procédure permet d'éviter les fraudes par rapport à ce premier mariage.

gné dans le registre, c'est la présence et l'attitude des témoins. On le voit : le mariage n'est pas un contrat comme les autres. Il les « dépasse » car il est sans résiliation possible. Le modèle contractuel n'épuise pas la réalité du consentement donné publiquement. Lorsque les époux signent, c'est une nouvelle manière de confirmer le contrat oral et personnel qui est le seul valable pour toujours.

6

Des questions sur le sacrement de mariage

1. Pourquoi se marier au cours d'une Eucharistie ?

Il est vrai que l'échange des consentements est souvent vécu durant l'Eucharistie. Le lien entre les deux sacrements n'est pas « obligatoire », mais il a une signification très profonde et concrète pour la vie spirituelle des époux. Ils sont en effet liés de belle manière puisque dès qu'ils sont mariés, les nouveaux époux peuvent s'offrir eux-mêmes à l'Église et au Père dans le même élan que l'offrande du « pain et le vin ». Cette offrande d'eux-mêmes est de grande valeur : elle touche toute leur personne. À l'image du Christ qui se donne en nourriture pour la route de la vie, les époux se sont donnés l'un à l'autre pour toujours.

S'aimer pour mieux se donner. Se donner pour mieux s'aimer, comme le Christ le réalise pour chacun des membres de l'assemblée. La parole de la consécration - « ceci est mon corps, livré pour vous » - résonne avec une actualité brûlante pour les époux qui se sont livrés l'un à l'autre.

2. Les textes de la Bible sont-ils importants pour la célébration ?

C'est une joie autant qu'une aventure que de partir à la recherche des textes pour la célébration du mariage.

L'Église convie les futurs époux à trouver une Parole de Dieu qui a un lien avec leur vie et leur amour. Toute la Bible est à leur disposition. C'est un trésor particulier, toujours actuel. Pourquoi le mépriser ou chercher systématiquement dans d'autres traditions humaines ou religieuses ? Il s'agit de mûrir un choix. Et nous le croyons : l'Esprit habite de manière particulière cette parole biblique pleine de sagesse et d'intelligence comme le cœur des futurs époux.

Comment faire « résonner » ce même Esprit pour que librement la parole choisie soit féconde pour les futurs mariés et l'assemblée de ce jour ? Une manière de le faire : que chacun cherche de son côté des paroles, des thèmes, des épisodes de la vie du Christ qui rejoignent l'appel à l'amour qu'il a reçu. Dans ce but, il convient de lire et de relire des passages bibliques durant quelques semaines.

En dialoguant et en confrontant les raisons du choix de chacun, les questions que ces textes posent, la lumière et la communion surgissent. La Parole de Dieu prend déjà ainsi les fiancés dans ses bras et ce dialogue explicitera la sensibilité croyante de chacun.

Pourquoi ne pas choisir finalement les textes en fonction des critères suivants :

- ils représentent une interpellation pour le couple et pour l'assemblée qui l'entourera ce jour-là.
- ils représentent un idéal de vie auquel ils se sentent appelés. Ils rejoignent leur manière de projeter leur amour et sa construction concrète.
- ils représentent le noyau brûlant de leur foi et de leur amour mutuel.

Le choix de textes est important pour le jour de la célébration. Cette parole retentira pour tous. Dieu est vivant et Il parle par ces textes. Cette parole construit aussi la vie future. Les époux pourront la reprendre dans leur vie personnelle et de couple de temps en temps, lors d'un anniversaire de mariage. Pour ceux et celles qui portent attention à la présence de Dieu dans leur histoire, ils observeront probablement au long des années qu'elle est féconde et toujours actuelle. Certains événements familiaux y trouvent d'ailleurs tout leur sens.

3. Qui sont les « ministres » du sacrement de mariage ?

Les époux sont les ministres du sacrement. C'est leur consentement mutuel qui « fait le mariage » [1]. Ils parlent, ils disent « oui », ils s'engagent devant Dieu, le prêtre, les témoins, l'assemblée des fidèles et des amis. Ce qui fait le sacrement de mariage, c'est la parole libre et confiante des époux qui se donnent l'un à l'autre. Le prêtre le leur rappelle d'ailleurs : « êtes-vous venus librement et sans contrainte ? » Et il les invite au nom du Christ à s'échanger leurs promesses. Le prêtre ou le diacre (ministre ordonné) a une place toute particulière : il rappelle le fondement christologique et nuptial de ce consentement. Il leur donne de se donner. Il est un « assistant bénissant » et exprime ainsi la puissance de l'Esprit d'amour qui s'empare des cœurs à ce moment. Par les époux, l'Église tout entière est liée à nouveau par amour au Christ. Ce qui est célébré, c'est une communion d'amour dans laquelle les époux se risquent et par laquelle leur propre amour est transfiguré et acquiert une dimension spirituelle au sein du Corps qu'est l'Église.

1. *catéchisme de l'Église catholique* (CEC) n° 1626.

4. Combien faut-il de témoins pour le mariage ?

Un seul pour chacun des époux suffit… Mais le plus souvent, leur nombre varie. Bien sûr, il faut choisir parmi les amis et c'est parfois difficile ! D'autre part, le témoin, s'il a la confiance et l'amitié du (de la) fiancé(e), doit pouvoir être celui ou celle qui, avec simplicité, sache faire mémoire au moment opportun de la promesse faite en ce jour. Il est témoin d'un amour qui s'engage. Il exprime la dimension publique et ecclésiale de l'engagement. Il a foi dans le couple : plus qu'un simple confident, il convient qu'il soit un homme ou une femme de parole et de vérité. Toute parole a des conséquences. Il portera avec les époux le poids précieux de leur promesse tout au long des années de vie conjugale et familiale.

Rappelons-nous également que les témoins ont une mission ecclésiale : ils représentent cette communauté fondée par le Christ et qui est témoin d'une parole publique d'amour et d'une alliance par laquelle les époux se sont unis intimement avec Dieu. Les témoins, avec le prêtre et l'assemblée chrétienne, sont la preuve et le garant que ce nouvel amour intéresse toute l'Église et qu'il est un cadeau pour elle et une mission en son sein [1].

1. (CEC) n° 1663.

C'EST QUOI ÇA ?
LA LISTE DES
TEMOINS ?

Désormais le Seigneur et son Église peuvent compter sur ce nouveau couple pour rendre témoignage d'un amour fidèle et fécond au cœur de notre monde.

5. Faut-il se confesser avant de se marier ?

Tout sacrement est un signe de la gratuité de l'amour de Dieu. La nécessité du pardon mutuel et du pardon de Dieu surgit normalement au cœur de l'amour. Vous avez expérimenté, jusqu'à ce jour, combien la force de votre engagement est issue d'obstacles surmontés, de difficultés assumées ensemble, de pardons offerts. Il n'y pas de vie matrimoniale sans apprentissage du pardon. Si c'est vrai de votre amour, ce l'est aussi de votre relation à Dieu. Se confesser, c'est croire à l'amour de Dieu et à son pardon toujours offert : on s'y engage aussi à tout faire pour ne pas blesser l'amour dans sa vie. Le recevoir à cette étape de votre vie est important. Il est bon que chacun de vous goûte à la miséricorde de Dieu qui s'engage également dans votre amour. Le pardon sacramentel vivifie votre don mutuel. Il le purifie. Il fortifie votre conscience d'entamer un chemin nouveau. En un mot, recevoir le pardon de Dieu est une grâce qui vous prépare admirablement à recevoir toutes les grâces de l'amour conjugal [1].

Si vous avez des difficultés à faire cette démarche, parlez-en franchement avec un prêtre. Il prendra le temps de répondre à vos questions. Il vous donnera le temps de vivre cette démarche. Prévoyez de vous confesser quelques jours avant le jour « J ». Vous pouvez en parler avec le prêtre qui célèbre votre mariage. Vous pouvez vous rendre dans une abbaye proche, un centre de pèlerinage, une paroisse d'accueil. Le sacrement du pardon vécu à cette période de votre vie peut être l'occasion de faire le point sur votre vie avant d'en commencer une nouvelle. Respectez la sensibilité de votre conjoint. Chacun peut vouloir faire cette démarche à sa manière. Si vous priez ensemble et désirez préparer ce temps de pardon ensemble, parlez-en à un prêtre. Respectez le dialogue intime de chacun avec Dieu dans le secret de la conscience personnelle. Le secret de la confession reste individuel. Les fruits du pardon sont ressentis par tous : joie, confiance, paix, intensité nouvelle du don rejailliront sur vos cœurs.

1. Pour que le sacrement du mariage soit reçu fructueusement, il est vivement recommandé aux époux de s'approcher des sacrements de la pénitence et de la très sainte Eucharistie (Code de droit canonique n° 1065).

6. Qu'est-ce que la publication des bans ?

Le terme « ban » signifie la proclamation officielle, le plus souvent écrite et orale, d'un événement. Avant le mariage, il est important d'annoncer à la communauté chrétienne que deux jeunes désirent se conférer ce sacrement. On affiche généralement cette nouvelle durant trois dimanches consécutifs afin de faire participer chacun à la préparation, et pour prévenir d'éventuels empêchements à ce mariage (l'un des futurs est déjà marié ailleurs et ne l'a pas dit, la parenté entre eux est trop proche). Cette publication a donc une visée de participation, de communion et de prière ainsi qu'un objectif de vigilance concernant la validité future du sacrement. Selon les rituels, et sur ce point, l'habitude se répand de plus en plus, on annonce publiquement à la communauté les futurs mariages. Durant la messe du dimanche, on inclut le plus souvent les prochains mariages dans la prière universelle.

Dans nos pays, on ne célèbre pas facilement plusieurs mariages en même temps. Dans les meilleurs cas, l'annonce du mariage et la préparation se font quelques mois (si possible une bonne année) avant la date fixée. Pastoralement nous sommes habitués à célébrer les mariages le samedi tout au long du temps liturgique (sauf durant la Semaine Sainte, le Triduum Pascal). D'autres jours peuvent être choisis.

7. Peut-on se marier avec un non-catholique ?

La différence de religions peut être un enrichissement notable de la relation conjugale. Elle représente toujours un défi à la reconnaissance respectueuse d'autrui dans ce qui est un point essentiel de sa vie : sa foi. Il convient que les couples mesurent la portée de ce défi durant la préparation au mariage, qu'ils soient aidés à être en vérité l'un vis-à-vis de l'autre et chacun dans sa propre foi, qu'ils prennent les moyens pour qu'à long terme, un dialogue vrai sur ces thèmes soit toujours possible [1].

Le mariage mixte est un mariage dont l'un des

1. Dans l'euphorie du sentiment amoureux, il est bon de rappeler les difficultés objectives de ces mariages : le drame de la désunion des chrétiens à l'intérieur du foyer, des difficultés pour l'éducation des enfants, la conception même du mariage. La tentation la plus fréquente est celle de tomber de part et d'autre dans l'indifférence religieuse (CEC n° 1634).

conjoints est catholique et l'autre, un baptisé non-catholique. Cette situation est assez fréquente dans certains pays. Souvent une pastorale commune avec nos frères et sœurs protestants existe. Pour la célébration licite de ce mariage, il faut la permission expresse de l'autorité ecclésiastique.

Le mariage entre un catholique et une personne non-baptisée est appelé mariage avec disparité de culte. Dans ce cas, il faut une dispense expresse de l'empêchement pour que le mariage soit valide. « Cette permission ou cette dispense suppose que les deux parties connaissent et n'excluent pas les fins et les propriétés essentielles du mariage ainsi que les obligations contractées par la partie catholique concernant le baptême et l'éducation des enfants dans l'Église catholique » [1].

1. catéchisme de l'église catholique (CEC) n° 1635.

ALLO MON PÈRE, J'AI UN PROBLEME, MON FIANCÉ EST DANS UNE SECTE.

8. Comment les fiancés peuvent-ils préparer leur cœur et leur corps au mariage ?

Tout mariage chrétien suppose l'ouverture à la vie. Les méthodes de régulation naturelle des naissances permettent de concilier l'ouverture à la vie avec la décision de retarder ou de favoriser une naissance. Elles présupposent, d'une part, l'implication du mari dans le choix de cette méthode. En effet, la décision d'adopter la méthode naturelle de régulation des naissances est un choix qui est fait par deux adultes, conscients de leur responsabilité d'époux et de parents. À ce titre, il est donc important de mener un dialogue à ce sujet lors de la période des fiançailles, et de rencontrer des couples qui peuvent apporter un témoignage à ce sujet.

D'autre part, la méthode de régulation naturelle des naissances permet à la femme de découvrir ou de redécouvrir le rythme de son corps, et cela peut créer une harmonie nouvelle. Dans un monde où la femme perd bien souvent le contact avec cette réalité, il peut être bénéfique, lors de la période des fiançailles, de rentrer dans cette démarche, afin de pouvoir, après le mariage, donner la vie de façon responsable. Des ouvrages ont été écrits à ce sujet [1], et la possibilité existe de se faire accompagner par une éducatrice ou monitrice compétente [2]. En particulier, lorsque les fiancés ont décidé, ensemble, de retarder la venue de leur premier enfant, il est utile que la femme possède une bonne connaissance du fonctionnement de la méthode naturelle de régulation des naissances dès le début de son mariage. Cet aspect, bien souvent négligé lors de la préparation au mariage, permet de vivre le début de la vie conjugale dans la confiance et la sérénité.

9. Que faire si nous partageons déjà la vie commune ?

Interrogez-vous sur les vrais motifs de votre passage à une vie commune. Sans se juger mutuellement et dans la vérité, avec le prêtre ou le diacre, relisez votre propre histoire avec ses conditionnements, ses désirs, ses ambiguïtés. Il est important pour vous d'identifier les motifs

1. Voir par exemple : Nicolas, I. et D., *Méthodes naturelles de régulation des naissances, Vivre autrement la sexualité*, Éditions de l'Emmanuel, collection Amour & Vérité, 1997.

2. Des renseignements à ce sujet sont généralement fournis lors des week-ends de préparation au mariage.

pour lesquels vous avez pris cette décision, et surtout de prendre conscience s'il y a eu une vraie décision commune ou une simple acceptation d'une habitude ou d'un état de fait. De fait aussi, dans la plupart de nos pays, le mariage civil doit précéder la célébration sacramentelle. La vie commune doit donc assumer d'abord cet engagement social s'il n'est pas encore signé.

La question essentielle pour vous, comme pour le prêtre, dans le dialogue franc et ouvert que vous avez ensemble est celle-ci : votre liberté est-elle entière, affermie, clarifiée par cette vie commune? De nombreux psychologues mettent en évidence les habitudes et les mécanismes qui lient la capacité de se décider des couples qui partagent déjà une vie commune. Certains ne sont plus libres de partir ou de rester : la situation devient un fait, parfois subi passivement. Les relations sexuelles engagent parfois plus que ce que la conscience personnelle de chacun ne pressent. Il convient donc d'épouser à nouveau une dynamique de liberté l'un vis-à-vis de l'autre avant de s'offrir et de se donner au Christ définitivement. Les décisions et les expériences à vivre seront fonction également des mois ou des années de vie commune, c'est-à-dire de la longueur du temps de vie commune avant le sacrement. Les enfants qui seraient le fruit de cette vie commune doivent être respectés dans leurs besoins et marcher avec vous vers le sacrement.

Cette opération-vérité mènera chaque couple à prendre les décisions qui sont les siennes, en sachant quelle est la position de l'Église et la grandeur de la miséricorde de Dieu. Il s'agit de se diriger vers le sacrement en vérité, et d'essayer de marquer concrètement un « avant » et un « après » du consentement sacramentel. Diverses attitudes sont prises par les uns et les autres. Dieu vous attend et se réjouit de votre désir de vous unir en Lui. À vous de purifier votre vie et votre cœur et de marquer votre désir de vivre comme Il vous le demande. Dans la plupart des cas, les couples éprouvent le besoin de quitter un temps la vie commune, particulièrement avant la célébration, pour marquer l'avant et l'après. Ce temps, et d'autres signes plus personnels, peuvent être offerts à Dieu en témoignage de votre bonne volonté et de votre désir d'entrer dans un amour qui vous dépasse.

10. Pourquoi ne pas avoir de relations sexuelles avant le sacrement de mariage ?

L'Église rappelle et encourage cette exigence d'une chasteté belle et forte qui évite des relations sexuelles entre jeunes gens, même entre des fiancés qui ont vraiment le désir de s'engager dans les liens du mariage. Que ceux qui peuvent comprendre, comprennent, dirait Jésus ! Les arguments ne manquent pas pour expliquer cette position, mais il s'agit à la fois d'être ouvert au mystère de l'amour, d'approfondir sa vie sans juger de manière absolue ses propres forces ou faiblesses. C'est le plus souvent une question délicate à aborder avec le prêtre. Pourtant, elle pourrait vous mettre dans une relation vraie. Face à un « tiers extérieur » de la relation amoureuse, les mots du fiancé et de la fiancée peuvent être différents, et chacun pourrait y trouver une liberté plus grande pour apprécier la valeur d'une maîtrise de soi en vue de la promesse sacramentelle. La beauté de la relation conjugale, avec toutes ses significations, pourrait en sortir fortifiée dans la conscience des futurs époux.

Des arguments psychologiques plaident en faveur d'une attente, car le mythe de la vérification de l'harmonie sexuelle est vraiment une illusion. On ne teste pas l'amour. On ne vérifie pas une aptitude à poser des gestes sexuels. Il convient mieux qu'ils surgissent, même maladroitement parfois, de l'amour et dans l'assurance d'une promesse personnelle authentique et authentifiée. En ce sens, l'acte conjugal posé après le consentement sacramentel a une toute autre portée symbolique et affective. Il scelle la parole confiée et engage définitivement en confirmant dans la chair cette parole. Tous les autres actes sexuels antérieurs n'ont pas cette densité d'être. En général, ils font aussi abstraction d'une donnée constitutive de la sexualité et de l'acte : l'accueil de l'enfant n'y est pas souvent respecté ni promu. On s'unit sans épouser la composante « parentale » du conjoint. On l'a niée par une contraception adéquate ou bien on évite de donner à la relation cet avenir potentiel. Ces actes sexuels sont imprégnés d'un sentiment amoureux ou expriment un amour débordant d'une passion peu maîtrisée, mais ils risquent de refuser « implicitement ou objectivement » la composante d'une promesse et l'ouverture à la procréation.

Dans ce contexte, les fiancés qui désirent ne pas exprimer leur amour croissant par des relations sexuelles doivent se le dire et s'exposer leurs raisons humblement et fermement. Ils essaieront d'être fidèles ensemble à cette parole. L'exigence de ce désir repose sur chacun des deux. L'un et l'autre seront appelés à se fortifier mutuellement dans ce propos. S'ils ne parviennent pas à y être fidèles, ils pourront ensemble se reprendre et se redonner confiance sur ce chemin de chasteté.

Dans cette exigence difficile à comprendre non seulement aujourd'hui mais à des époques variées, ce qui est en jeu, ce n'est pas une « idée » noble et belle de la virginité physique pour la femme comme pour l'homme. La virginité est une disposition du cœur qui, par la chasteté ,maintient la personne « disponible et offerte », dans l'intégrité de son être spirituel et corporel, et l'ouvre encore et toujours à l'intégralité du don de soi à un autre. Il ne s'agit pas d'abord de protéger ou de vérifier la virginité physique. Il convient de s'offrir à l'autre dans une virginité respectueuse de la dignité de l'amour conjugal et parental. Pour ceux qui se préparent au mariage, à travers les difficultés ou les fautes, le sacrement de la miséricorde restaure la virginité de l'être humain qui s'y abandonne à la puissance de restauration de Dieu. Des fiancés peuvent pressentir qu'ils ont à abandonner les relations sexuelles préconjugales et continuer un chemin d'approfondissement de l'amour avec la grâce du pardon de Dieu.

11. Y a-t-il des mariages impossibles ?

Il y a des empêchements à certains mariages qui nécessitent une réflexion et une dispense de la part de l'Église. L'examen de l'enseignement du Code de Droit canonique est utile dans ces cas-là. D'autres situations n'ont pas d'issues possibles et les jeunes ne peuvent pas contracter un mariage de manière valide. Ils se heurtent à des empêchements nets et sans dispenses possible. C'est le cas, par exemple, pour celui ou celle qui ne peut pas prendre une libre décision à cause d'une santé psychique et mentale brisée. Il ou elle n'a pas l'usage de la raison et / ou ne peut assumer les obligations essentielles du mariage (Canon n° 1095). Dans certaines situations où l'homme est atteint d'une impuissance constitutive, le lien qu'il veut contracter ne peut pas être celui du mariage.

Quand les liens de parenté sont trop proches : pour les ascendants ou descendants en ligne directe, avec un beau-parent, un frère ou une sœur [1]. Dans certains cas de « rapt, de kidnapping, de violences ou de détention »,

1. Un frère et une sœur ; un frère et une demi-soeur : mariage impossible car empêchement de droit divin. Un cousin et une cousine : mariage possible avec une dispense car il s'agit d'un empêchement de droit ecclésiastique.

l'échange n'a aucune signification sacramentelle car il n'y a de mariage que pour des personnes libres. Si l'un des deux fiancés est déjà marié, tout « nouveau » mariage serait sans valeur. Ainsi le mariage de deux non-chrétiens entre eux, celui des non-catholiques entre eux et celui des catholiques à l'Église sont-ils indissolubles. Une nouvelle union n'est pas possible.

12. À quoi sert l'entretien pastoral ? A quoi faut-il être attentif ?

Les futurs époux prennent contact avec divers visages de la communauté chrétienne : la paroisse et son curé, des catéchistes, un couple d'accueil, un mouvement. Qu'ils saisissent l'opportunité de découvrir la richesse de cette Église dont ils vont devenir un signe particulier. Aimer, c'est accueillir Dieu qui se donne en son Église. Pour l'Église également, les futurs époux sont un cadeau de Dieu qu'il convient d'accueillir en les connaissant au mieux et en cheminant avec eux. Les entretiens avec le prêtre qui bénira le mariage ont un statut particulier, non pas parce qu'ils permettent d'abord la préparation de la célébration, mais surtout parce qu'ils permettent normalement de faire la clarté sur l'engagement spécifique des époux. C'est à partir de ces dialogues que le « genre littéraire » et le type de célébration plus personnalisée pourront être choisis. Ces derniers, en rencontrant le prêtre, rencontrent concrètement non pas un fonctionnaire mais Celui qu'il représente : le Christ, le bon berger de leur amour.

Sans avoir toujours les mots pour le dire, il est nécessaire que les fiancés expliquent le pourquoi de leur désir de se marier à l'Église. C'est peut-être tout naturel et spontané de leur part ou bien l'aboutissement d'un long cheminement spirituel. Ils le font parfois par habitude culturelle. La plupart du temps, ils se posent des questions sur ce sacrement, sur la foi et sur l'agir du chrétien. S'ils ont un « contentieux » avec l'Église ou avec la foi de leur « adolescence », il est bon qu'ils puissent en parler et essayer de le régler. Pourquoi ont-ils été découragés ou ont-ils quitté l'Église à un moment donné ? Quelles images ont-ils de Dieu et de son Église ? Quelle est leur histoire sainte avec ses temps forts et ses défaites du cœur et de la pensée ? Dans ces entretiens, le prêtre et le couple peuvent partager ainsi un poids de souffrances et de blessures et les remettre à Dieu. Ils peuvent prier ensemble. Tout amour humain n'est-il pas appelé à être sauvé ? Ils pourront ainsi envisager l'avenir comme un nouveau départ et un engagement qui rendent l'Évangile concret et vécu dans le service des autres et de l'Église telle qu'elle est. De fait, cette étape est le moment d'un choix décisif à partir d'une liberté éveillée et convertie. L'amour est toujours un temps de vérité. Il sera un tremplin d'une grâce nouvelle pour chacun comme pour le jeune futur couple. Pourquoi ne pas partager les valeurs évangéliques qui les touchent, dont ils vivent ou qu'ils voudraient vivre ? Pourquoi ne pas découvrir ensemble ce que le futur conjoint a révélé à l'autre des trésors de l'Évangile ? La joie et l'espérance d'un renouveau devraient imprégner ces rencontres.

Au cours de ces rencontres, plus le dialogue se centre sur l'essentiel, plus chacun y trouve du goût malgré les difficultés possibles, les méfiances mutuelles, les incompréhensions et les hésitations. Être vrai sur des questions essentielles telles que la foi, la volonté de s'aimer fidèlement, les pardons à s'offrir, le désir d'enfants et le respect de la vie, la manière de vivre la sexualité, le partage des sentiments et de tous les biens... Être vrai fait du bien à chacun. Par ailleurs, le prêtre ou le diacre ne sont pas des employés de l'entreprise-Eglise. Il convient d'éviter de leur faire porter tous les espoirs, les peurs, les rancœurs ou les soupçons que les fiancés ont vis-à-vis de l'Église. L'écoute doit être gratuite et dans la confiance. Les prêtres transmettent une vision de l'amour et de ses exigences qui leur vient du Christ lui-même : une tradition et un enseignement qui viennent d'au-delà d'eux-mêmes. Plus que des idées personnelles, le prêtre enseigne ou redit les paroles mêmes du Christ qui traversent les siècles et qui conduisent vers un amour qui sanctifie. Quant au prêtre, qu'il mesure bien la grande attente des futurs époux, leur inquiétude parfois face à l'homme d'Église qu'il est. Les entretiens sont un lieu privilégié pour écouter le même Esprit Saint et vivre ce lien particulier entre le sacerdoce du baptême (commun des fidèles) et le sacerdoce du service (ministériel). Le plus souvent, c'est à partir de ces rencontres que les futurs époux sont aidés à rédiger leur déclaration d'intention.

13. Un veuf, une veuve peuvent-ils se marier à nouveau ?

Les deux traditions spirituelles ont toujours existé dans l'Église depuis ses origines. Certaines personnes perçoivent et décident que la fidélité à l'amour implique pour elles de ne pas se remarier. Elles vivent un lien particulier avec leur époux(se) entré(e) dans l'éternité. Cette décision n'est pas d'abord le fruit d'une blessure, d'un attachement disproportionné, d'un deuil non intégré. Plus qu'un souvenir, elle est une « mémoire » d'amour pour celui ou celle qui est auprès du Père et dont on pressent encore l'amour vivant à travers les frontières de la mort. Le plus souvent, cette décision spirituelle est « comme une vocation ». Aux premiers temps de l'Église, on parlait de l'ordre des veuves. Saint Paul conseille ceci : « Honore les veuves, celles qui le sont réellement » (1 Tm 5,3).

D'autres personnes reçoivent l'opportunité d'une nouvelle union sacramentelle comme un vrai don de Dieu. Cette nouvelle union n'est pas perçue comme une infidélité, mais en communion avec l'unique courant d'amour qui traverse la vie personnelle. Ce nouveau mariage peut être une « aide précieuse » pour porter l'éducation des enfants à son terme et lui redonner toute la richesse blessée par le décès. Il manifeste d'une autre manière le surcroît d'amour avec lequel Dieu prend soin de ses enfants, leur donne et leur conserve dans l'histoire humaine le goût de l'éternité.

14. Avez-vous des conseils pour la journée du mariage ?

Cette journée passe vite, « comme un rêve ». Vous êtes le centre des regards, des affections. Vivez-la dans la paix et jouissez de chaque instant. Chassez de votre conscience tout ce qui inquiète, et particulièrement les détails d'organisation qui flanchent. L'essentiel est ailleurs. Il est dans l'accueil de tous et dans la présence palpable de Dieu au cœur de l'amour. Prenez soin particulièrement des personnes âgées, qu'elles aient leur place dans votre bonheur. N'oubliez pas ceux qui souffrent. Soyez attentifs aux enfants, à ceux et celles qui viennent de loin. Soyez le lien entre vos deux familles et spécialement vos parents. Entre vous deux, vivez une complicité de regards, de présence, de gestes : vous n'avez pas le temps de faire de longs discours. Parlez-vous cependant de temps en temps : quelques mots, des impressions, une joie partagée. Au milieu du bruit et de l'agitation, soyez unis.

7

Les coutumes particulières

Les habitudes varient selon les familles, les régions, les cultures. Il est bien vrai cependant que ce jour est un jour de fête et que toutes les manifestations de cette joie ne peuvent être négligées. Si ces habitudes sont traditionnelles, il est bon d'en comprendre le sens ou de les interpréter à nouveau. Le goût des choses surgit de leur raison symbolique et de leur nouvelle compréhension.

1. Le bouquet de la mariée

Il est choisi et offert par le fiancé à sa fiancée : geste de respect et d'honneur pour celle qu'il aime et dont il admire la beauté. Les fleurs rappellent également que l'amour est gratuit en son fond. La composition du bouquet peut revêtir toute une signification en accord avec les fleurs choisies et leur couleur. En allant chercher celle qu'il aime dans sa demeure, en la découvrant prête à se donner à lui, « belle et sans tache » (Ep 5,27), vêtue comme il ne l'a jamais vue ni imaginée, l'amour du fiancé peut pétiller de joie. Ce bouquet offert devant toute la famille est un symbole du soin que le fiancé prendra du corps de sa femme en sa beauté. Il signe déjà l'appartenance de la fiancée à son fiancé : elle est et sera regardée et admirée comme celle qui est aimée, promise et engagée. Durant la célébration du mariage, beaucoup posent ce bouquet sur l'autel en signe d'offrande et de confiance en Dieu qui est à l'origine de tout amour et qui est source de toute beauté.

LE BOUQUET DE LA MARIÉE.

2. La robe blanche

La robe blanche de la mariée comme les aubes blanches des célébrants rappellent le vêtement du baptême. Dans la plupart des sacrements, ces vêtements liturgiques évoquent cette grâce dont parle saint Paul : « Vous tous qui avez été baptisés en Christ, vous avez revêtu le Christ » (Gal 3,27). Cette condition de baptisés les transforme dans tous les actes de leur vie. L'utilisation de cette couleur a été petit à petit entendue dans un autre ordre symbolique : celui de la pureté et de la beauté de l'âme. La blancheur évoque un don personnel qui est sans partage, à l'image du don du Christ pour chacun de nous.

3. Les discours des parents

Durant la fête, particulièrement le repas des noces, l'animation ne manque pas. Parmi les discours et témoignages des amis et des divers membres de la famille, un soin et une attention spéciale doivent être portés aux discours des parents respectifs. La différence de générations comme l'émotion donnent à ces paroles une tonalité spirituelle forte. Quel que soit le langage utilisé, il convient de saisir comment l'amour est partagé et combien la vie à ce moment apparaît plus forte que toute mort, divisions, rancœurs. La filiation comme la paternité sont des relations fondatrices de l'être humain, mais également du couple. Pour les nouveaux époux, les conseils comme le témoignage des parents peuvent structurer leur amour.

« Aussi l'homme laisse-t-il son père et sa mère pour s'attacher à sa femme et ils deviennent une seule chair » (Gn 2,24). Le détachement de certaines manifestations de cette relation filiale ne peut s'opérer pour les parents comme pour les enfants que dans la confiance de l'amour. De confiances en confiances, l'amour peut grandir. Si le Seigneur demande à chacun d'honorer son père et sa mère et s'il ouvre un chemin que des jeunes empruntent pour quitter leur famille et former une nouvelle unité, cette réalité n'est possible que dans une purification de l'amour et un respect admiratif de chaque couple de générations en générations. Un bon discours est celui qui ouvre l'avenir avec confiance et qui témoigne de la puissance de l'amour. Si les jeunes époux ont le cœur ouvert, ils recevront à cette occasion une force de leurs parents respectifs.

4. Les photos

Dans ce domaine, il faut allier la créativité à la discrétion, particulièrement durant la célébration sacramentelle. Le maître-mot pour la vidéo ou l'appareil photo est de « se faire oublier ». Les époux, concentrés sur ce qu'ils vivent, doivent éviter que cette action ne soit une distraction. Des consignes familiales seront données également pour que personne ne soit oublié sur la photo de famille. Les photos ont un rôle important à jouer pour la mémoire de l'amour.

Aux différentes étapes de la vie du couple comme de la famille, elles seront non seulement un rappel d'un beau jour, d'un « oui » donné, mais le témoignage que le temps est un allié de l'amour. Marquer les étapes de l'amour dans le temps, pouvoir en faire mémoire de manière simple et régulière, c'est montrer que l'amour est vie et dynamisme, et qu'il s'inscrit dans une histoire qui nous précède et nous attend. La joie des enfants devant les albums familiaux est une force pour durer dans un amour vrai.

TOUJOURS BIEN CHOISIR LE LIEU DE LA PHOTO ...

8.

Annexe : en guise d'aide-mémoire

Cette partie reprend une série de points déjà discutés et les situe brièvement dans un ordre chronologique. Elle sera utile comme aide-mémoire.

1. Quelques démarches

— Rencontrer le curé de la paroisse où l'on se marie

Lui communiquer les conditions du mariage, lui dire qui vous êtes, ce que vous désirez. Il a lui même le désir de vous rencontrer, de dialoguer. Il faut également faire l'enquête administrative. Normalement, c'est le prêtre ou le diacre qui se charge de demander l'acte de baptême des futurs époux. Il faut également demander une permission du prêtre de votre paroisse pour célébrer le mariage ailleurs. Il convient de choisir avec soin les témoins, et le plus souvent écrire consciencieusement sa déclaration d'intention. Dans certains diocèses, demandez particulièrement la feuille pastorale dont vous discuterez le contenu, vous la signerez ensemble avec le prêtre qui vous prépare avant de la remettre au curé, et dans le dossier général. En France, les fiancés sont appelés à rédiger une lettre d'intention, et le prêtre à remplir personnellement la feuille pastorale. En voici un exemple :

DÉCLARATION D'INTENTION POUR LE MARIAGE DE DEUX CATHOLIQUES

Moi, ______________________

en vue de mon mariage avec ______________________

au jour de mon mariage, en m'engageant devant tous, je veux, en pleine liberté, créer avec N. une véritable communauté de vie d'amour.

Je veux, par cet engagement, établir entre nous un lien sacré que rien, durant notre vie, ne pourra détruire.

Je m'engage à tout faire pour que notre amour grandisse dans une fidélité totale et à être pour mon époux (épouse) un véritable soutien.

J'accepte les enfants qui pourront naître de notre union. Nous les éduquerons avec le meilleur de nous-mêmes.

Bien que n'adhérant pas (pleinement) à la foi chrétienne, je reconnais comme miens certains principes de vie qui sont aussi ceux des chrétiens, comme la générosité et le respect des autres, en premier lieu vis-à-vis de mon mari (ma femme) et de mes enfants.

Je m'engage à respecter la foi de mon futur conjoint, à être loyal (e) vis-à-vis de l'Église, cherchant toujours à connaître le véritable esprit du christianisme et à le présenter à mes enfants, j'accepterai la collaboration de l'Église pour leur éducation chrétienne.

Enfin, je pense que notre amour nous appelle à travailler avec les autres pour plus d'amour, de justice et de paix.

____

____

À ____________ le ____________

Signature du ministre Signature

— Fixer la date du mariage.

Il est parfois paradoxal de voir certains fiancés louer la salle du banquet ou fixer la date en fonction d'autres critères matériels, avant de connaître les disponibilités de l'église et surtout celles des prêtres, curés et célébrants. Les fiancés ne sont pas toujours les seuls à vouloir se marier durant une journée ensoleillée et les week-ends ne sont pas extensibles comme les jours de la semaine. Les prêtres ne sont plus si nombreux dans certaines régions. Il convient donc de prendre contact au plus tôt, et de manière prioritaire, avec le célébrant, et être souple dans la fixation de la date de ce beau jour.

— Le curé doit donner sa délégation au célébrant pour que le mariage soit valide

— Visiter l'église où le mariage aura lieu

- déterminer la disposition des mariés, des témoins, de la chorale ;

- prévoir l'ornementation : les fleurs ;
- pour le prêtre, vérifier s'il dispose de ce dont il a besoin pour les sacrements : livres, hosties, chasuble, clé pour l'organiste... etc ;
- demander l'usage des micros : autel, lectures, et surtout un micro spécial pour les mariés (pour le consentement et la prière des époux), de préférence un baladeur ;
- ne pas oublier de verser quelque chose pour le curé et la paroisse : demander si un « fixe » est prévu.

2. Les journées de réflexions et de prière

Soit un week-end « mariage-engagement », soit une retraite pour fiancés. de préférence AVANT le mariage. Si c'est impossible (il y a des échéances parfois), le prévoir APRÈS comme approfondissement de la grâce reçue. Ce type de week-end est un investissement à long terme : il n'est pas une condition *sine qua non* pour recevoir le sacrement. Par ailleurs, la vie quotidienne des époux et de la famille est souvent chargée : il faut donc avoir la volonté de placer cette expérience dans le temps, sinon le désir comme la promesse seront oubliés.

3. Les dialogues de préparation

Toutes les questions de la foi, celles du sacrement de mariage en particulier, forment le contenu des échanges. Il faut en profiter pour approfondir sa foi ensemble. Un point essentiel est de comprendre la différence entre le sacrement et le mariage civil. La spécificité du sacrement suppose la compréhension et le respect du contrat civil. Il convient aussi de voir comment le vivre.

Des thèmes importants sont à développer : la prière de couple, le partage et la gestion de l'argent, la sexualité, l'accueil de l'enfant et son éducation, le pardon mutuel, la mission du couple dans l'Église, etc...

4. Le cheminement spirituel

- prier régulièrement ensemble : diverses manières à apprendre ;
- aller ensemble à diverses célébrations : eucharisties, mariages d'amis ;
- prière personnelle plus intense ;
- lectures personnelles à faire : en profiter pour appro-

fondir sa foi. Tous les sacrements et la vie du chrétien forment un tout (cf. bibliographie) ;

- faire le point sur sa vie. Ne pas négliger les occasions de reprendre goût et habitude pour le sacrement de la réconciliation. Marquer peut-être cette étape d'une manière particulière par un pèlerinage, une retraite, une participation à un événement d'Église.

5. La préparation de la célébration

Mettre ses idées ensemble pour savoir ce que les époux désirent accentuer comme thème du mariage et de l'eucharistie. Quand c'est possible, il vaut mieux prévoir un livret pour tous les membres de l'assemblée. Cela demande du travail, mais c'est une aide pour tous, et un cadeau pour beaucoup qui le prennent avec eux.

Il est bon de parcourir les diverses étapes de la célébration pour comprendre leur sens et leur importance. Puis, il faut :

- choisir les lectures et les deux bénédictions particulières de ce jour-là ;
- choisir la formule du consentement. On peut aussi

ajouter quelques phrases plus personnelles.

- composer la prière des époux ;
- choisir les chants adaptés aux circonstances.
- prévoir les interventions des témoins, des membres de la famille (intentions etc.) ;
- les signes particuliers : la paix, la bougie pour la prière des époux, la communion ;
- une aide à apporter au prêtre pour donner la communion s'il y a beaucoup de monde ;

6. De tout, un peu

1. Pour l'**échange des anneaux** : faire un petit exercice avant... Ne pas oublier les anneaux en venant à la célébration. S'ils sont présentés sur un « coussin », que le nœud soit facile à défaire. Il est utile de connaître par cœur la formule d'échange. Si, malgré tout, au moment de la célébration, le jeune époux ne parvient pas à glisser l'anneau, ne pas forcer, mais laisser à la mariée elle-même le soin d'achever le mouvement...

2. La **journée avant le mariage** doit être dégagée au maximum de tout souci et des préparatifs. Plus rien à

faire pour les fiancés que de se reposer, se balader à la campagne, ou se détendre dans un lieu aimé. D'un point de vue professionnel, cela suppose de demander à temps un jour de congé et de fournir une attestation à votre employeur.

3. La **permission du curé pour l'endroit** est toujours nécessaire si ce n'est pas lui qui célèbre le mariage. Cette délégation est indispensable pour la validité du mariage. La déclaration d'intention (ou la note pastorale) doit être envoyée et signée par les fiancés et le prêtre qui prépare, avant le jour de la célébration.

4. En ce qui concerne le **dossier administratif**, il est bon de le remplir avec soin et de réfléchir ensemble sur ce que signifient les questions : lire, commenter, expliquer, montrer l'aspect institutionnel et juridique qui donne du poids à l'engagement spirituel. Cette démarche n'est pas que formelle.

5. Ne pas oublier de **coopérer financièrement pour la célébration à l'église locale**. Selon les paroisses, il convient de connaître les usages. En tout cas, il faut le proposer pour éviter le désagrément pour tous d'un rappel ou d'une demande. C'est une manière pour les époux,

comme pour la famille, de se situer par rapport à la communauté ecclésiale en ce lieu.

6. **Garnir la chapelle ou l'église** : fleurs ... Dans ce domaine, il faut veiller à être délicat. L'église est un lieu pour tous, et si vous désirez l'aménager autrement, n'hésitez pas à consulter et à accepter ce qui est possible. Il y a souvent plusieurs célébrations différentes dans la même église le jour de votre mariage. A la fin de votre mariage, veillez également à ne pas laisser au curé le soin de tout ranger pour les suivants : prévoyez et déléguez vos cousins et amis... Laissez des fleurs dans l'église pour le Seigneur et pour la communauté paroissiale qui s'en réjouira. Pour ceux et celles qui ne vous connaissent pas ou qui n'ont pas pu participer à votre mariage, la beauté de l'église fleurie témoignera d'un événement important pour tous, connus et inconnus.

9

Lectures

BARRAL-BARRON A., *Choisir le mariage*, Paris, Desclée de Brouwer, 1989, 122 p.

BOUTET T. et I., *Je t'aime*, Paris, Ed. de l'Escalade.

CHAUVET L.-M., « Le mariage, un sacrement pas comme les autres », dans *La Maison-Dieu* n°127 (1976), p 64-105.

CHOVELON B. et B., *L'aventure du mariage chrétien*, Guide pratique et spirituel, Paris, Cerf, 2002.

DANIEL-ANGE, *Ton corps fait pour l'amour* et *Ton corps fait pour la vie*, Paris, Éditions du Jubilé, département Sarment, 1989.

DANNEELS G. Cardinal, *Accepter l'autre car Dieu, le premier nous a acceptés*. Lettre pastorale, Malines-Bruxelles, 1981, 15 p.

DANNEELS G., « Blessures et guérison du couple et de la famille », dans *Vie Consacrée* n°6 (1985) 327-339.

DANNEELS G., *Familles Dieu vous aime*, Paris, Nouvelle Cité, 1991, 155 p.

DINECHIN O. dE, Appeler au mariage, *Cahiers de l'actualité religieuse et sociale*, supplément au N°335, 72 p.

GAUTHIER J., *Les défis du jeune couple*, Paris, Éditions du jubilé, département Sarment, 1991, 183 p.

HEILLY (d') A., *Aimer en actes et en vérité*, Paris, Saint-Paul / CLER, 1996, 243 p.

JEAN-PAUL II, *Les tâches de la famille chrétienne*, Exhortation apostolique « Familiaris consortio », Paris, Le

Centurion, 1981, 173 p.

JEAN-PAUL II, *Se préparer au mariage*. Textes choisis par les moines de l'Abbaye de Solesmes, Paris, Éditions du Jubilé, Département Sarment, coll. “Ce que dit le Pape”, 1990, 108 p.

JULLIEN J., *Demain la famille*, Paris, Mame, 1992, 291 p.

La célébration de votre mariage, *signes d'aujourd'hui*, coll. « cahiers services », hors série n°5, Paris, Bayard, 1990.

LA CROIX X., *l'avenir, c'est l'autre*, Paris, cerf, 2000.

LAROCHE M., *Une seule chair. L'aventure mystique du couple*, Paris, Nouvelle Cité, 1984, 64 p.

LIZOTTE A., *Le don des époux. Signe de l'Amour invisible*, Chiry-Ourscamp, Serviteur, 1992, 71 p.

MARIN J., *Aimer, c'est pardonner*, Nauan-le-Fuzelier, Ed. du Lion de Juda, 1991, 312 p.

MARTINIE M.-M., *Communiquer en famille*, Paris, Éditions du Jubilé, département. Sarment, 1992, 264 p.

Nous préparons notre mariage, (guide), Paris, EDIFA, 1998.

PHILIPPE M.-D., *Au cœur de l'Amour,* Paris, Éditions du Jubilé, Département Sarment, 364 p.

SONET D., *Il n'y a qu'un seul amour*, CLER, Limoges, Droguet et Ardant 1986.

SONET D., *Réussir notre couple*, Limoges, 1987.

SONET D., *Découvrons l'Amour. Pour ne pas aimer idiot*, Limoges, Droguet et Ardant, 1990.

SONET D., *Bonnes nouvelles pour l'amour,* Droguet et Ardant, 1992, 31 p.

SONET d., *le mariage, pourquoi ?* mesnil saint loup, Livre ouvert, 1998.

THIMMEL Ph. et C, *Pourquoi nous fiancer ? réponse à deux amoureux, Nauan le fuzelier, béatitudes, 1994.*

THOMAZEAU G., *Bonne Nouvelle du Mariage*, Paris, Cerf, 1984.

VINGT-TROIS A., *La famille. 15 questions à l'Église. Un évêque répond*, Paris, Mame/Plon, 2002.

WOJTYLA K., "Instinct, Amour, Mariage", dans *En esprit et en vérité*, Paris, Centurion, 1980,

10.

Quelques sites chrétiens pour le couple

ÉQUIPES NOTRE-DAME

www.equipes-notre-dame.com

Mouvement de spiritualité conjugale : projets, témoignages, prières, calendrier des conférences et retraites. Le site héberge celui de la Communion Notre-Dame de l'Alliance, mouvement chrétien pour les personnes divorcées ou séparées.

CLER - AMOUR ET FAMILLE

www.cler.net

Centre de Liaison des Équipes de Recherche sur

l'amour et la famille. Pour aider à mieux vivre sa sexualité. Conseil conjugal, choix d'une contraception, programme de formation par conférences ou week-ends.

CANA

www.chemin-neuf.org

Branche « couple » du Chemin-Neuf. Week-ends et sessions pour couples, familles, personnes séparées ou divorcées, divorcés remariés.

AMOUR ET VÉRITÉ

www.amouretverite.org/av/fr/

Branche « couple » de l'Emmanuel. Formation humaine et spirituelle : pour couples, couples sans enfant, parents seuls, amour et sexualité. Conférences, week-ends, sessions, etc. Des adresses, une bibliographie.

VIVRE ET AIMER

vivreetaimer. free. fr/

Week-ends pour couples, fiancés et célibataires.

FORUM MARIAGE

forum-mariage. cef. fr/

Forum du site de la Conférence des évêques de France, animé par les Équipes Notre-Dame. On peut poser des questions ou entrer en contact confidentiel avec un couple des Équipes Notre-Dame. Interactif et très vivant.

CENTRES DE PRÉPARATION AU MARIAGE

mariage. eklesia. net/

Deux sites très complets : « Préparer son mariage » et « le Bonheur dans le couple ». Réflexions, célébrations, retraites, etc. Repères donnés par des conseillers conjugaux et questions à se poser.

ALLIANCE ET FÉCONDITÉ

fecondites-fr. com

Site d'une association qui aide les couples confrontés à la souffrance de la stérilité. Renvoie à deux autres sites et à un forum.

FOYERS MIXTES

www.foyersmixtes.org/

Pour couples chrétiens et de confessions différentes. Témoignages et réflexions.

FOYERS ISLAMO-CHRÉTIENS

www.le-sri.com/mm.htm

Secrétariat (catholique) des relations avec l'Islam.

Réflexions et bibliographie.

REVUE ALLIANCE

chemins. eklesia. net/alliance/

Pour ceux qui souhaitent réfléchir à la vie de couple. Liste des numéros, sommaires et quelques extraits.

TABLE DES MATIERES

Sarment
ÉDITIONS DU JUBILÉ

TOUT sur l'amour et le mariage

www.editionsdujubile.com

Se préparer au mariage

Abbaye de Solesmes (Dir.)

Se préparer au mariage (n° 7)

Dans ce petit livre, vous trouverez « Ce que dit le Pape » sur…

Préparation, exigences, peur d'un projet définitif, mariage et cultures, liturgie, pouvoir du pape sur le mariage, l'acte sexuel, l'indissolubilité de l'union conjugale etc.

De l'amour naît la vie : refuser une simple coexistence égoïste, paternité et maternité responsable, diverses manifestations affectives etc.

Des foyers heureux et accueillants : Le foyer chrétien n'est pas une "tour d'ivoire", savoir parler avec ses enfants, époux séparés et remariés etc.

Éditions du Jubilé, 1990 - 96 p. - 110 x 180 mm
Prix TTC : 6,40 € - Collection Ce que dit le Pape
Code ISBN : 2-86679-062-6 - Code EAN : 9782866790622 - Code Hachette : 3588183

Abbaye de Solesmes (Dir.)

De la sexualité à l'amour (n° 16)

Dans cette même collection : « Ce que dit le Pape » :

Aimer avec toute sa personne corps, esprit et cœur, comprendre le sérieux des responsabilités dans l'amour, image de Dieu Trinité, signification du corps exprimant le don de soi au conjoint, don et accueil réciproque etc.

Après la rupture du péché, retrouver la vérité de l'amour : Le sexe et la honte, la concupiscence dans les rapports entre l'homme et la femme etc.

Illusions et tentations : Signification et importance de la sexualité, l' "amour à l'essai ?", masturbation, homosexualité, pornographie etc.

© Éditions du Jubilé, 1991
96 pages - 110 x 180 mm - Prix TTC : 6,40 €
Collection "Ce que dit le Pape"
Code ISBN : 2-86679-081-2 - Code EAN : 9782866790813
Code Hachette : 3588373

Quilici, Alain

Fiançailles (Les)

Les fiançailles, ça existe ! Mais on met souvent n'importe quoi sous les mots. Il y a bien des gens aujourd'hui qui célèbrent leurs “fiançailles” et qui ont dépassé le stade des vraies fiançailles ! Nombreux sont ceux qui ne savent même pas de quoi il s'agit. En parle-t-on assez ? Ose-t-on vraiment en parler ?

Ce temps des fiançailles, dont l'importance et la beauté enthousiasment les cœurs amoureux, est un temps à ne pas perdre. Un temps à vivre avec intensité. Un temps indispensable pour poser les fondations de toute une existence.

Il ne faut pas manquer le temps de ses fiançailles !

250 pages - 110 x 180 mm
Prix TTC : 9,15 €
Code ISBN : 2-86679-125-8 - Code EAN : 9782866791254 - Code Hachette : 3590114

La trilogie de Daniel-Ange sur l'AMOUR

Daniel-Ange

Ton corps fait pour l'amour

Un best-seller ! Daniel-Ange qui connaît si bien les jeunes a su trouver un langage radicalement différent :

« Ton corps, dis-moi, quel chef-d'œuvre ! Rien n'est plus grand, rien n'est plus beau ! Et comme si tout cela n'était encore rien, le plus fabuleux, le plus fantastique, le plus inconcevable : par ce corps pouvoir faire exister quelqu'un, une personne qui n'a jamais encore existé et qui existera toujours, toujours... (...) À la fin de ce livre, que te remonte au cœur ce cri d'une prière, que Marie et Jésus ont chantée : « Merveille que je suis ! ».

© Éditions du Jubilé, 1988. - Parution : 1988
256 pages - 110 x 180 mm
Prix TTC : 9 €
Collection Lumière, Série Lumière Vérité
Code ISBN : 2-86679-015-4 - Code EAN : 9782866790158
Code Hachette : 3587870

Daniel-Ange

Ton corps fait pour la vie

À la lumière de l'Évangile, ce livre aborde les thèmes de l'amour et de la fécondité, ainsi que celui des agressions contre la vie que notre époque a vu se développer (interruption volontaire de grossesse, manipulations génétiques, etc.). Il apporte des réponses à toutes les questions que les jeunes se posent à propos du mariage, de la famille et du don de la vie qui s'y transmet.

© Éditions du Jubilé, 1988. - Parution : 1988
264 pages - 110 x 180 mm - Prix TTC : 9 €
Code ISBN : 2-86679-016-2 - Code EAN : 9782866790165
Code Hachette : 3587888

Daniel-Ange

Ton corps fait pour un même corps ?

Homo ? Hétéro ?

Des réponses aux nombreuses questions soulevées, afin d'aider ceux — bien plus nombreux qu'on ne le pense — pour qui l'homosexualité est une véritable souffrance, et qui veulent vivre une maturation permettant un épanouissement de tout leur être.

© Éditions du Jubilé, 1997
230 p - 110 x 180 mm - Prix TTC : 8,40 €
EAN : 9782866792312 - Code Hachette :
3598752

René et Marie SENTIS

Guide pour réussir en amour

Père et mère de famille, bien intégrés dans la société, les auteurs ont multiplié les conférences et les rencontres à travers le monde. Leur diagnostic est clair : le temps des querelles idéologiques est passé : les méthodes naturelles de régulation des naissances, trop longtemps confisquées par les ligues de vertus, ressortissent surtout de l'écologie ! Les jeunes couples trouveront dans ce livre des réponses précises à des questions concrètes et des témoignages authentiques.... La collection des guides Totus est justement conçue dans cet esprit.

Vivre durablement heureux en couple ! C'est possible pour peu que chacun soit attentif à l'autre et d'abord au cycle mystérieux et beau que rythme la nature. Il ne s'agit ni de vertu ni d'idéologie mais de la forme la plus aboutie du combat écologique.

110 x 178 mm - Prix TTC : 12 €
Collection Guides Totus
EAN 9782866793623 - Code Hachette : 3570868

Alex et Maud LAURIOT-PRÉVOST

Évangiles pour le couple
La source du Bonheur

Premier titre d'une trilogie, cet ouvrage se présente avant tout comme le fruit d'une rencontre entre une réflexion, poursuivie depuis des années, sur la dimension mystique du mariage et l'expérience d'un couple, parents de famille nombreuse, engagés dans une vie professionnelle active.

Ce petit livre veut replacer le mariage dans le projet inouï d'un Dieu créateur qui a voulu associer l'homme à sa création. Beaucoup plus qu'un simple guide, le lecteur (ou plus exactement le couple), trouvera matière à une véritable révolution fort éloignée de l'hédonisme véhiculé par l'air du temps.

© Éditions du Jubilé 2003
200 pages - Format 110 x 178 mm - Prix TTC : 11 €
Collection Lumière, Série Mariage Lumière
ISBN 9782866793579 - EAN 2866793579 - Code Hachette 3570810

Grandes questions sur l'AMOUR

Philippe, Marie-Dominique

Au cœur de l'Amour

Entretien sur l'amour, le mariage et la famille

Quel est le projet de Dieu sur le couple ? Quelles sont les différences essentielles entre l'homme et la femme ? Quelle est leur vocation respective ?

Pourquoi la monogamie ? Pourquoi baptiser les petits enfants ? Pourquoi l'Église interdit-elle la pilule ou le remariage des divorcés ? Qu'est-ce que l'amour ? Peut-on aimer quelqu'un qui ne nous aime pas ? Peut-on être suffisamment lucide à vingt ou vingt-cinq ans pour faire un choix de vie définitif ? Peut-on sublimer l'instinct sexuel ? Pourquoi tous ces couples brisés, ces foyers désunis ? Comment en est-on arrivé là ? Pourquoi ce monde avec tant de souffrances ?

Voilà un aperçu des quelque cent cinquante questions que nous avons posées au père Philippe sur les thèmes de l'amour et de la vie sexuelle, du mariage, de la famille et de l'éducation.

© Éditions du Jubilé, 1987
368 pages - 155 x 235 mm
Prix TTC : 20 €
Code ISBN : 2-213-02009-4 - Code EAN : 9782213020099
Code Hachette : 358772

Gauthier, Jacques

Défis du jeune couple (Les)

Ce livre part d'une conviction : vivre heureux en couple, c'est possible et pour longtemps. Il s'agit de savoir comment s'y prendre.

Une vie de couple, ça se bâtit, c'est une œuvre à faire sans cesse ; réussir son couple, c'est prendre le risque de la fidélité en tant qu'avenir à inventer ; le couple est toujours en croissance, c'est-à-dire en apprentissage, et ses crises peuvent être vues comme des lieux de croissance ; le temps du couple, c'est aussi le temps de l'enfant : on ne naît pas parents, on le devient ; la vie de foi chez le couple chrétien et son ouverture sur le monde... Tels sont quelques-uns des thèmes abordés par ce véritable guide du couple.

© Éditions du Jubilé 1991 - Parution : 1991
190 pages - 110 x 180 mm
Prix TTC : 11 €
Code ISBN : 2-86679-076-6 - Code EAN : 9782866790769
Code Hachette : 3588324

Descouvemont, Pierre

Mariage dans tous ses états (Le)

Pourquoi se marier — à la mairie, à l'Église ? — Comment se supporter, dialoguer, éviter le stress, ne pas "ronronner" dans sa vie de couple ?

Mais aussi : pourquoi l'Église n'est-elle pas favorable à la contraception ? Se méfie-t-elle du plaisir ? Quelle est la fécondité des couples sans enfants ? Comment vivre le veuvage ? Quelle est la place, dans l'Église, des divorcés et des divorcés remariés ? Quel est le rôle des grands-parents ? etc. Telles sont les questions - de fond ou touchant la vie quotidienne - que de nombreux couples ont posées à l'auteur au cours de ses rencontres avec lui ou par courrier.

Avec profondeur, simplicité et humour, l'abbé Descouvemont - qui s'appuie sur une longue expérience de prédication aux foyers -, dépeint en six étapes les différents "états" de la vie conjugale : Les tout premiers pas - Les enfants sont là - L'épreuve s'abat - On ne comprend pas - Des saints ! Pourquoi pas ? - Bientôt l'au-delà.

350 p
155 x 235 mm -
Prix TTC : 19 €
Code ISBN : 2-866-79267-X -
Code EAN : 9782866792671
Code Hachette : 3599115

Fonder une famille

Lécuru, Ludovic

On demande des parents

Pendant des années, divers courants éducatifs ont défendu l'idée que l'enfant devait être l'artisan de son propre savoir. Résultat, aujourd'hui : les enfants et les jeunes cherchent parfois en vain du côté des adultes des valeurs morales authentiques à partir desquelles il est possible de grandir avec confiance et de construire sa vie.

À partir de nombreuses rencontres et de confidences reçues, ce livre propose une réflexion sur les attentes des enfants et des jeunes dans une société – institutions et médias – marquée par l'indifférentisme moral et l'absence de transmission de la foi.

En abordant les thèmes de la famille, de l'éducation, de l'éveil spirituel, du rôle de l'Église auprès des jeunes, ces pages encourageront les parents à répondre à leur mission d'éducation auprès de leurs enfants dans une société qui a de plus en plus tendance à fragiliser la famille.

360 pages - 110 x 180 mm
Prix TTC : 13,6 €
Code ISBN : 2-866-79286-6 - Code EAN : 9782866792862
Code Hachette : 3599305

Composé et mis en page par:

STUDIO
POIRIER

Achevé d'imprimer en octobre 2021
sur les presses de
La Manufacture - Imprimeur – 52200 Langres
Tél. : (33) 325 845 892

N° imprimeur : 211036 - Dépôt légal : novembre 2021
Imprimé en France